W0033819

SPORT
VERLAG

Inhalt

Volker Nagel · Tobias Hatje

Inline-Skating
Das Handbuch

Fotos von Jürgen Tap / Hoch 2

Sportverlag Berlin

Zur Sache:

Seit drei Jahren werden die Straßen und Plätze von einer neuen Fortbewegungskultur eingenommen: Inline-Skating. Rollten 1993 lediglich 370 000 Menschen über den Asphalt, so ist die Zahl der Inline-Skater 1996 in Deutschland auf rund 8,1 Millionen angewachsen. Damit hat schon jeder zehnte Bundesbürger die Rollschuhe der 90er Jahre im Haus, und weitere zwölf Prozent oder 14,7 Millionen Menschen spielen mit dem Gedanken, sich Skates anzuschaffen. Bei den Unter-19-jährigen hat bereits jeder dritte welche. (Alle Zahlen sind aus einer repräsentativen GFK-Studie, die im Dezember 1996 erstellt wurde). Allein im vergangenen Jahr kamen fast vier Millionen Aktive auf den Geschmack der flotten Fortbewegung — damit wurden mehr Skates verkauft, als Autos zugelassen wurden. Für 1997 rechnen die Hersteller und Verbände mit einem weiteren Anstieg um die gleiche Anzahl. Grundlage der positiven Einschätzungen ist die Entwicklung in den USA, wo der Sport bereits seit über zehn Jahren das Straßenbild prägt und noch immer große Zuwächse zu verzeichnen sind. Fast 40 Millionen Amerikaner fahren auf Skates zwischen Wallstreet/New York und Venice Beach/Los Angeles ab. Weltweit sind es schon mehr als 50 Millionen, Tendenz steigend. Der Marktführer Rollerblade, fälschlich oft als Namensgeber des Trendsports zitiert, konnte in den vergangenen vier Jahren Umsatzsteigerungen von bis zu 500 Prozent im Jahr verbuchen.

Auswirkungen in den unterschiedlichsten Bereichen des Skate-Booms:

- ✗ Für die Sportshops sind die Skates eine dankbar angenommene Alternative zum stagnierenden Verkauf anderer „Funsportartikel", wie zum Beispiel Windsurfbretter, geworden.
- ✗ Neu gegründete Verbände kümmern sich um die rechtlichen Aspekte und Ausbildungsrichtlinien des Sports.
- ✗ Skate-Schulen helfen Einsteigern in die Schuhe. Im Schulsport werden statt Fußballstiefel die Skates geschnürt.
- ✗ Aktive anderer Sportarten schnallen sich die Skates unter, um den Trainingsalltag abwechslungsreicher zu gestalten.
- ✗ Mehrere Special-Interest-Magazine berichten regelmäßig über das Neueste aus der Szene und vom Markt.
- ✗ An einigen deutschen Sporthochschulen gehört Inline-Skaten bereits in den Studienplan für angehende Sportlehrer.
- ✗ Selbst der deutsche Bundestag befaßte sich mit den schnellen Flitzern, um die entsprechenden Regelungen, Rechte und Pflichten zu diskutieren.

Die Straßen von Manhattan — seit Jahren ein Playground für Skater

So einfach, wie das Skaten zu erlernen ist, so vielfältig sind die Fahr- und Spielvarianten, die jeder er-fahren kann. Den größten Anteil aller Skater machen mit ca. 60 Prozent die Fitness- oder Recreation-Fahrer aus, zwölf Prozent die Kids. Im Aggressive-Bereich, also in der Halfpipe und beim Street-Skaten, sind rund zehn Prozent aktiv, Inline-Hockey spielen etwa 15 Prozent aller Skater, und drei Prozent sind dem Speed-Skaten verfallen.

Dieses Buch will speziell den Freizeit- und Recreation-Fahrern neue Möglichkeiten eröffnen, wie sie ihren Sport anspruchsvoll, abwechslungsreich und mit Spaß und Sicherheit ausüben können.

Ausführliche Infos über Ausrüstung, rechtliche Aspekte und Basis-Fahrtechniken bilden die Grundlage.

Aber dieses Buch bietet mehr: Wir zeigen Ihnen, wie Sie Ihre Skates sinnvoll für andere Sportarten einsetzen können. Crosstraining ist ein Schwerpunkt von „Inline-Skating — Das Handbuch". Mit neuen Übungsformen und einer Methode, die auf ihren sportlichen Vorerfahrungen aufbaut, liefern wir Ihnen Ideen, damit Sie fit und geschickt auf den acht Rollen werden.

Speziell für Ski- und Eissportler zeigen wir Möglichkeiten, um die Wintertechniken schon im Sommer zu trainieren.

Und in dem ausführlichen Serviceteil zeigen wir Ihnen auf detaillierten Karten, wo die besten Strecken und Spots in zehn deutschen Großstädten und deren Umgebung liegen. Dieses Buch ist ein optimaler Partner für die eigene Skate-Karriere, vom Anfänger bis zum Skate-Crack — viel Spaß beim Lesen.

Inline-Skating ist ein rasanter und bunter Sport auf acht Rollen

Das richtige Schuhwerk

Der Skate-Markt ist nahezu unüberschaubar geworden. Mehr als 25 Markenhersteller bieten unterschiedliche Skates an, dazu kommen noch verschiedene Kaufhaus-Eigenmarken sowie Billigprodukte aus Fernost, die eher das Prädikat Spielzeug, denn Sportgerät verdienen. Insgesamt sind über 250 Modelle für die unterschiedlichsten Einsatzbereiche und persönlichen Ansprüche auf dem Markt. Aber das Angebot beschränkt sich nicht allein auf die Schuhe.

Diverse Rollen für jede abgefahrene Situation, unterschiedliche Kugellager, Schienen, Bremssysteme, Schützer und sonstiges Skate-Zubehör überfluten die Shops. Da wird die Wahl beim Schuhkauf schnell zur Qual. Wer jedoch weiß, was er will, seine sportlichen Voraussetzungen realistisch analysiert und seine Ambitionen richtig einschätzt, findet auch den passenden Skate-Schuh.

Um die Orientierung einfacher zu machen, werden die Skates in fünf Kategorien unterteilt:

- ✗ Junior
- ✗ Recreation (Fitneß)
- ✗ Aggressive/Street/Halfpipe
- ✗ Hockey
- ✗ Speed

Junior-Skates

Zum Skaten ist es nie zu früh. Abhängig von der individuellen motorischen Entwicklung, gilt für das Einstiegsalter das Gleiche wie beim Schlittschuhlaufen. Anfangen können die Kurzen mit vier bis fünf Jahren.

Ein so früher Start mit den Skates kann einen sehr positiven Einfluß auf die Entwicklung der koordinativen Fähigkeiten haben. So ist für die Ausbildung der Gleichgewichtsfähigkeit das Alter zwischen vier und zwölf Jahren am besten geeignet. Wird in dieser Entwicklungsphase die Regulierung des Gleichgewichts immer wieder durch wackelige Situationen „provoziert", wird die Balancefähigkeit auf ein hohes Niveau gehoben. Rechtzeitig begonnen, lassen sich sportliche Grundlagen ausbilden, die durch ein späteres Training nur sehr schwer zu erreichen sind. Das Skaten im frühen Kindesalter (ab fünf Jahren) birgt eine große Chance für die abwechslungsreiche Ausbildung der Bewegungserfahrungen, der Gleichgewichtsfähigkeit und die Koordination. Die

Vier unterschiedliche Skates (von li nach re): Recreation, Halfpipe, Hockey und Speed

Equipment

Hersteller haben die Kleinsten als Zielgruppe bereits erkannt und entsprechend reagiert. So gibt es eine große Anzahl an Skates, die nur für den **Nachwuchs** konzipiert sind. Immerhin macht diese Gruppe schon zwölf Prozent des gesamten Marktes aus.

Wichtig beim Kauf von Skates für die Kleinen:

- ✗ Die Schale muß ausreichend fest sein, um das noch labile Sprunggelenk genügend zu stützen, ohne Druckstellen zu verursachen.
- ✗ Die Füße dürfen in den Skates nicht rutschen, Schuhe auf Zuwachs zu kaufen ist nicht sinnvoll. Einige Hersteller haben inzwischen längenverstellbare Skates entwickelt, die über drei bis vier Größen mitwachsen. Die zweigeteilte Schale (Zehenbereich und Fersenbereich) überlappt an den Seiten und kann durch Lösen von zwei Fixierungen auseinandergezogen werden. Manche Skates lassen sich auch mit unterschiedlich großen Innenschuhen ausstatten.
- ✗ Die Kinderskates sollten wie die Erwachsenen-Modelle über vier Rollen verfügen.
- ✗ Bei den zwei bis drei Verschlußschnallen ist darauf zu achten, daß sie leichtgängig sind und die Kurzen sie selbst schließen können.
- ✗ Die **Preise** liegen zwischen 130 und 230 Mark.

Es existieren auch „günstigere" Modelle, aber die Billigskates können aufgrund des weicheren Materials und der schlechteren Rollen und Lager orthopädische Spätschäden an den Füßen verursachen.

Neue Lebenslust: Über 86 Prozent skaten aus reinem Spaß an der Bewegung

Recreation-Skates

Mit rund 67 Prozent aller verkauften Skates ist der Fitneß- und Fun-Breich das größte Segment im Inline-Geschäft. Die Skates haben Allround-Charakter. Sie sind geeignet für Einsteiger, Wochenendläufer, für „Kilometerfresser" ohne Rennambitionen, für Sportler, die Skates als Crosstrainingsgerät benutzen wollen, und für Fahrer, die ein alternatives Verkehrsmittel in den überfüllten Innenstädten suchen. Die Schuhe sind meist aus einer Kunststoffschale gefertigt, drei Schnallen sorgen für ein komfortables Schließen der Schuhe. Die **Preise** liegen zwischen 200 und 600 Mark.

Möchte man seine Skates viel zum Crosstraining (vgl. Seite 72) einsetzen, sollte man darauf achten, daß die Räder in der Schiene in der Höhe verstellbar sind (Rockering), um unterschiedliche Laufeigenschaften zu erzielen.

Aggressive-/Street-/Halfpipe-Skates

Rund zehn Prozent der verkauften Skates gehören zu dieser Gruppe. Die Aggressive-Skates sind sehr klobig und meist recht schwer. Schließlich müssen sie den starken Beanspruchungen beim Einsatz in der Halfpipe, im Pool oder beim Street-Skaten standhalten.

Streetskating ist eine Domäne der Youngster

Seitliches Rutschen (Grinden) über Handläufe, Metallrohre oder Mauerkanten (Curbs), hohe Sprünge und harter Halfpipe-Einsatz erfordern ein robustes Material. Absolut notwendig sind eine harte Schale als Stütze und ein guter Halt im Sprunggelenksbereich, um eine optimale Übertragung der Aktionen auf die Rollen zu gewährleisten.
Viele Schuhe haben ein **Klettband** (Power-Strap) über den Spann, damit die Ferse exakt im Schuh fixiert werden kann.

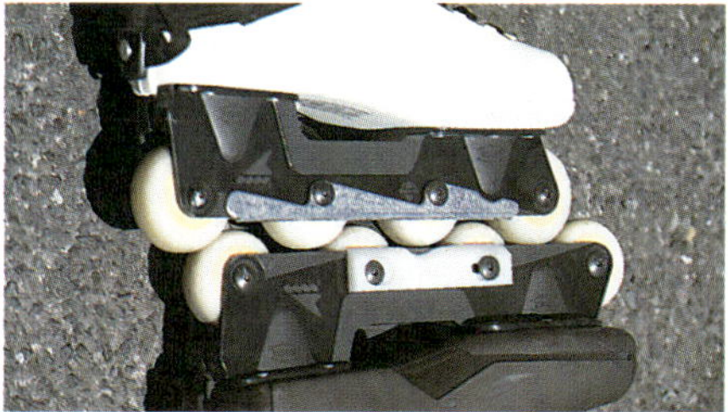

Halfpipe-Skates mit Grind-Plate (oben) und Street-Skates mit Kunststoff-Plate

Die **Schiene** weist zwei Verstärkungen aus Metall oder Kunststoff auf, die „Grind-Plates", die den Verschleiß der Schiene beim seitlichen Rutschen reduzieren. Für **Halfpipe-Skates** sind Grind-Plates aus **Metall** besser geeignet, da sie ein Rutschen über die obere Kante der Halfpipe (Coping), ein Metallrohr, leichter zulassen.

Für **Streetskater**, die viel über Betonkanten rutschen, sind Grind-Plates aus **Plastik** vorteilhaft. Die beiden mittleren Rollen bei Stunt-Skates sind entweder weiter auseinander gesetzt, oder es sind kleinere Rollen eingebaut.
Damit die Skates genug Führung beim Grinden geben, sind die Schienen und Grind-Plates zwischen der zweiten und dritten Rolle eingekerbt, was sich durchs Grinden noch verstärkt. Dieser „Groove" ist für den Halt enorm wichtig.
Für Halfpipe-Skates sind Grind-Plates aus Metall besser geeignet, da sie ein Rutschen über die obere Kante der Halfpipe leichter zulassen.
Die **Preise** liegen zwischen 300 und 650 Mark.

Hockey-Skates

Der Anteil der Hockey-Stiefel am Gesamtmarkt betrug 1996 nur acht Prozent, hier erwarten die Hersteller jedoch noch erheblichen Zuwachs. (Inline-Hockey spielen bereits 15 Prozent der Skater; viele greifen einfach auf die normalen Recreation-Skates zurück).
Die Hockeystiefel sehen den Eishockeystiefeln sehr ähnlich. Kein Wunder, denn die Beanspruchungen sind fast identisch.

Ob Spiel- oder Parkplatz: Inline-Hockey läßt sich auf jeder sauber asphaltierten Fläche spielen

Die besseren Modelle haben eine sehr steife und leichte **Aluschiene für die Rollen** und einen **stabilen Lederinnenschuh**, der sich nach einiger Zeit optimal dem Fuß anpaßt. Die Skates werden fast immer geschnürt, um eine gute Paßform zu garantieren.

Kauftip:
Die Knöchel sollten seitlich sehr gut gepolstert sein.
Auf die **Bremse** wird meist verzichtet, da beim Inline-Hockey andere Bremstechniken angewendet werden. Die vordere und die hintere Rolle sitzen etwas höher (Rockering), um die Skates wendiger zu machen.
Die **Preise** liegen zwischen 350 und 900 Mark.

Speed-Skates

Die Speed-Modelle sind eigentlich nur ambitionierten Ausdauerläufern und Wettkampffahrern zu empfehlen. Der Marktanteil liegt entsprechend niedrig: bei lediglich drei Prozent. Auffälliges optisches Merkmal sind die **fünf Rollen**. Die Schiene ist länger, und der weite Radstand sorgt für eine große Spurtreue, geht allerdings zu Lasten der Wendigkeit. Der Schaft der Stiefel ist sehr kurz, er endet direkt über dem Knöchel. Auf eine dicke Polsterung wird verzichtet, um eine direkte Kraftübertragung und ein gutes Gefühl für den Untergrund zu gewährleisten. Der niedrige Schuh bietet weniger Halt und verlangt eine ausgefeilte Technik.

Bevor Sie sich Skates kaufen - testen Sie verschiedene Paare in der Praxis

Rennmodelle haben einen eingebauten Vorlagewinkel von neun bis zwölf Grad, um eine optimale Körperhaltung zu ermöglichen.
Die Schuhe sind häufig aus Leder gefertigt, teils mit Carbonverstärkungen, die Schienen in der Regel aus leichtem Flugzeugaluminium. Für Profis werden die Schuhe maßgeschneidert.
Als Lager werden ABEC 3 und ABEC 5 verwendet, der Rollendurchmesser beträgt 80 mm. Profis, wie die mehrfache deutsche Meisterin Anne Titze, wechseln die Rollen nach drei, vier Wettkämpfen aus, bei Hobbyfahrern reichen zwei Sets (Preis ca. 200 Mark) pro Saison.
Die **Preise** für die Serienskates liegen zwischen 450 und 1700 Mark.

Kauftips

- ✗ Probieren Sie möglichst viele Schuhe an. Haben Sie das Gefühl, daß die Skates richtig sitzen und Sie sich wohlfühlen, dann sind Sie auf dem richtigen Weg. Vertrauen Sie Ihrem Gefühl.
- ✗ Kaufen Sie die Skates am Nachmittag. Dann haben sich Ihre Füße etwas ausgedehnt, so wie es bei sportlichen Belastungen auch der Fall ist.
- ✗ Ziehen Sie nur eine dünne Socke an. In einer dicken Wintersocke fängt der Fuß an zu „schwimmen"
- ✗ Die Ferse muß fest im Stiefel sitzen und darf nicht hochkommen beim Gehen/Fahren. Der Innenschuh sollte nicht zu kurz sein — 1,5 Zentimeter Spiel an den Zehen und in der Schuhspitze sind okay.
- ✗ Bei Softboots stimmt die Länge, wenn im geöffneten Skate der Fuß ganz nach vorn rutschen kann und dann zwischen Ferse und Schaft eine Fingerbreite Spiel ist.
- ✗ Achten Sie auf die Stabilität der Schiene. Sie sollte leicht und steif sein und sich auch bei großem seitlichem Druck nicht verbiegen lassen.
- ✗ Überprüfen Sie die Fußgelenksstabilität. Lassen sich die Skates am Knöchel leicht eindrücken, bietet die Schale vielleicht nicht genug Halt.
- ✗ Achten Sie auf die Rollen und Lager. Einsteiger sollten kleine, weiche Rollen bevorzugen und keine allzu leichtgängigen Lager verwenden (ABEC 1 bis ABEC 3 reicht aus).
- ✗ Berücksichtigen Sie Ihre Vorerfahrungen: Sind Sie ein geübter Schlittschuhläufer oder Skilanglaufspezialist, so können Sie auch hochwertigere, schnelle Skates nehmen. Haben Sie gar keine oder kaum Gleit- oder Rollerfahrungen, ist es kein Nachteil, wenn die Lager und Rollen kein superflottes Gleiten zulassen.

Extra-Tip für „Sie":

Viele Hersteller bieten spezielle Frauenskates an. Der Leisten ist auf die typische Form eines Frauenfußes zugeschnitten. Außerdem haben die Skates ein schmaleres Fußbett und einen niedrigeren Schaft. Der Grund: Frauen haben einen etwas tieferen Ansatz der Wadenmuskulatur, wodurch ein hoher Schaft oft drückt und eine optimale Kraftübertragung behindert.

Bauteile der Skates

Egal, für welchen Anspruch die Skates konzipiert sind, fast alle bestehen aus den gleichen Bauteilen (siehe Grafik).

Die Schale

Die Schuhe werden in drei verschiedenen Varianten gefertigt:

- ✗ als **Hartschalenschuh** aus festem Kunststoff (Polyurethan, Polyethylen, Polyamid),
- ✗ als **Softboot**, der aus einem strapazierfähigen Nylongewebe (ballistischem Nylon) oder Leder besteht,
- ✗ und als eine **Soft-Hard-Boot-Kombination**, bei der die relativ weiche Nylonschale durch Kunststoffverstärkungen stabilisiert wird.

Die Schale muß zwei Kriterien erfüllen:

1. möglichst große Bewegungsfreiheit nach vorn und hinten zulassen,
2. ausreichend Stabilität und Führung für die Fußgelenke bieten.

Die meisten Skates sind Hartschalenstiefel, die im Spritzgußverfahren hergestellt werden. Sie unterscheiden sich, abhängig von der Verarbeitung, in der Steifigkeit, Haltbarkeit sowie dem Preis.
Beim Spritzgußverfahren wird ein Granulat aus dem entsprechenden Kunststoff erhitzt, verflüssigt und in eine Negativform der Schuhschale gegossen. Dieses Verfahren ist sehr günstig, schnell und flexibel in der Produktion.
Am häufigsten wird Polyurethan verwendet, Polyethylen ist zwar am günstigsten, aber die Schalen sind sehr weich.
Polyamid hingegen bietet eine recht gute Steifigkeit, ist aber auch am teuersten.

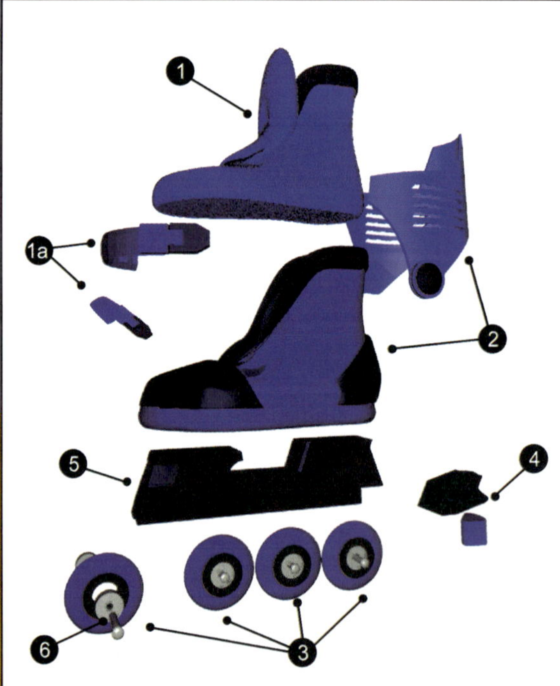

Bauteile der Skates

1 Schale
1a Schnallen
2 Innenschuh
3 Rollen
4 Bremse
5 Schiene
6 Kugellager
Achsen
Distanzbuchsen
(Spacer)

Soft-Skates sind aus einem festen Nylongewebe. Sie bieten einen hohen Tragekomfort (Turnschuheffekt), haben aber nicht die Stabilität und Kraftübertragung eines Hartschalenschuhs.
Bei den kombinierten **Soft-Hard-Boots** werden verschiedene Materialkomponenten und Eigenschaften beider Schalenarten miteinander verbunden. Bei diesen Modellen ist besonders darauf zu achten, daß der Vorderfuß- und der Fersenbereich genügend Halt und Stabilität bieten.
Ein hoher Schaft stützt schwache Fußgelenke und schützt vorm Umknicken. Ein niedriger Schaft hingegen sorgt für mehr Bewegungsfreiheit, birgt aber bei Anfängern die Gefahr des „Nach-innen-Knickens". Die Schalen sollten einen beweglichen Schaft besitzen, um eine gute Bewegungsfreiheit nach vorn und hinten zu gewährleisten. Bei guten Modellen ist der Schaftteil durch zwei Scharniergelenke auf der Höhe des Knöchels mit der Fußschale verbunden.

Schnallen- oder Schnürskates?
Kunststoffschalen-Skates sind häufig mit **drei Ratschenschnallen** versehen. Diese lassen sich schnell schließen und öffnen und bieten viel Komfort, können bei starker Beanspruchung aber leicht aufgehen. Ein **Schuh zum Schnüren** kann genauer an die Fußform angepaßt werden. Und die Paßgenauigkeit bestimmt wiederum den Tragekomfort. Besonders wichtig ist dies im Hockey-, Speed- und Stunt-Bereich, weswegen hier diese Stiefel hauptsächlich mit reinen Schnürsystemen oder mit Kombinationen von Schnallen- und Schnürsystemen angeboten werden. Dabei wird der Vorderfuß durch eine Schnürung gut im Stiefel fixiert, während der Schaft am oberen Rand mit einer Schnalle geschlossen wird.
Die Schuhe bei Hockey- und Speed-Skates sind zum Teil aus stabilem, mit Nylon überzogenem Leder, das sich nach kurzer Zeit des Tragens der Fußform anpaßt.

Tip: Bei Kunststoffschalen sollte man darauf achten, daß die Stiefel über gute Lüftungsschlitze im Zehen- und Sohlenbereich verfügen. Ansonsten steht man schnell im eigenen Saft.

Der Innenschuh

Der Innenschuh (Liner) sollte anatomisch geformt und weich gepolstert sein sowie über ein gutes Fußbett verfügen.
Bei Hartschalenskates ist er herausnehmbar. Das **Material**, meist stoffbezogener Schaumstoff, muß leicht und atmungsaktiv sein. Die Knöchel sollten besonders gut gepolstert sein. Je stärker die **Polsterung**

Schnürskates (li.) lassen sich besser und fester der Fußform anpassen, Schnallenskates sind schneller und leichter zu schließen

ist, um so angenehmer ist der Tragekomfort, allerdings geht das unmittelbare Gefühl für den Untergrund verloren — die Skates fühlen sich „schwammiger" an. Manche Innenschuhe bestehen auch aus einer sogenannten „memory foam", einem speziellen Schaum, der sich der Fußform nach einiger Zeit des Tragens anpaßt.
Für Speedskater ist das „Feedback" durch die Sohlen sehr wichtig für die Abstoßbewegung. Eine dicke Polsterung schluckt diese unmittelbaren Wahrnehmungen durch die Fußsohle.

Wichtig: Die Zehen müssen genug Platz haben, und die Ferse muß gut fixiert sein. Nur bei Speed-Skates dürfen die Zehen vorne anstoßen, wenn man aufrecht steht.

In der Regel lassen sich die Innenschuhe zum Trocknen oder Reinigen wie bei einem Skistiefel herausnehmen, gute Liner lassen sich auch waschen.

Die Bremse

Die meisten Skates sind mit einer Bremse ausgestattet. Bei den Speed-, Hockey- oder Stuntschuhen wird die Bremse jedoch häufig abmontiert, da sie beim Fahren behindert und hier andere Bremstechniken angewandt werden.
Die **Stopper aus Gummi oder Kunststoff** sind meist hinter der letzten Rolle am rechten Skate angebracht (können aber auch auf den linken Skate geschraubt werden). Das Prinzip ist fast immer das gleiche: Der Stopper kommt zur Wirkung, wenn der rechte Skate vorgeschoben und die Spitze angehoben wird. Durch die Reibung des Bremsgummis auf dem Asphalt kommt man zum Stillstand. Die Bremsklötze verschleißen schnell und müssen öfter ausgetauscht werden.
Bei der Konstruktion der Bremsen haben sich die Firmen zu den unterschiedlichsten technischen Raffinessen hinreißen lassen. Damit versuchen die Skatehersteller Innovationsfreudigkeit und technisches Knowhow zu demonstrieren.

Schneller Stand: Durch Druck mit der Wade auf den Schaft wird das Bremssystem von Rollerblade aktiviert

„Rollerblade" hat die **„Active-Brake-Technology"** (ABT) entwickelt. Der Stopper der Skates wird durch eine einfache Vorwärtsbewegung des Bremsbeines betätigt. Bei diesem Nach-vorn-Schieben des Fußes wird der Schaft durch die Wade nach hinten gedrückt, wodurch der Bremsarm den Bremsklotz nach unten auf den Boden drückt. Die Hebelwirkung ist wesentlich besser als beim normalen System, und der ganze Bremsklotz liegt auf. Man muß also nicht mehr die Spitze des Skates anheben, sondern hat alle acht Rollen auf dem Boden.
Ein anderes System ist das **„Disc-Brake-System"** (DBS) von „Ultra Wheels". Hierbei ersetzt eine kleine Rolle den Gummistopper. Im Inneren drückt eine Stahlfeder, wie bei einer Trommelbremse, die Bremszylinder auf die Bremstrommel. Die Höhe der Rolle und die Stärke der Bremsverzögerung können individuell an das Fahrniveau angepaßt werden. Anfänger reduzieren den Bodenabstand zum leichten Bremsen, gute Skater stellen sich die Bremse höher ein, damit sie bei fortgeschrittenen Fahrtechniken nicht stört.
Für alle Bremssysteme gilt: Die größte Wirkung erzielen sie aufgrund ihres psychologischen Effekts. Sie versichern dem Einsteiger, daß eine Vorrichtung zum Anhalten an den Stiefeln vorhanden ist. Geschicktes und sicheres Stoppen ist aber weniger Sache eines technisch ausgereiften Bremssystems, sondern primär durch gute Fahrtechnik zu bewerkstelligen. Für die unterschiedlichsten „Bremssituationen" sind unterschiedliche Fahrtechnik-Varianten notwendig, um zum Stehen zu kommen oder einem Hindernis auszuweichen. Im Kapitel Basisfahrtechniken werden diese Techniken ausführlich beschrieben (Seite 39f.).

Die Rollen

Entsprechend den verschiedenen Skates gibt es auch die unterschiedlichsten Rollen. Sie sind wesentlich schmaler als bei den alten Quades, die Profile reichen von spitz über rund bis zu flach gewölbt.

Rollenprofile (von li. nach re.): flach – Stunt, rund – Hockey, spitz – Recreation, sehr spitz – Speed

Die Rollen bestehen aus einem Polyurethan- oder Nylonkern, der die zwei Kugellager aufnimmt, und einem massiven Mantel aus Polyurethan als Lauffläche. Die Rollen entscheiden über Laufruhe, Beschleunigung, Rollwiderstand und den Griff (Grip) bei Drehungen und Kurvenfahrten. Unterschieden werden Profil, Durchmesser, Härte und Rebound.

- ✗ Das **Profil** hat entscheidenden Einfluß auf die Laufeigenschaften. Je spitzer ein Profil ist, um so geringer sind Reibung und Rollwiderstand, hohe Geschwindigkeiten können problemlos erreicht werden. Allerdings geht ein zu spitz zulaufendes Profil zu Lasten der Stabilität und Haltbarkeit. **Flache Profile** mit einer großen Auflagefläche werden im Agressive- und Hockey-Bereich eingesetzt. Sie bieten eine bessere Stabilität, allerdings erhöhen sie den nötigen Kraftaufwand. **Runde Profile** bieten den besten Kompromiß aus geringem Rollwiderstand, guter Haftung und entsprechender Standfestigkeit. Sie werden viel im Recreation-Bereich verwendet.
- ✗ Als **Rollengröße** wird der Außendurchmesser in Millimeter angegeben. Er kann 40 bis 88 Millimeter betragen.

Je größer der Rollendurchmesser, desto größer die möglichen Geschwindigkeiten und die Laufruhe. Kleine Rollen haben bessere Beschleunigungswerte, und die Skates sind wendiger. Außerdem liegt der Schwerpunkt tiefer, wodurch die Skates einen sichereren Stand vermitteln.

Rollengrößen und Einsatzbereiche

Junior	60 - 72 mm	78 - 85 A
Recreation	70 - 78 mm	78 - 85 A
Aggressive / Stunt	44 - 72 mm	80 - 100 A
Hockey	70 - 76 mm	76 - 85 A
Speed	76 - 82 mm	78 - 92 A

- ✗ Die **Härte** der Gummimischung ist zum einen für die Haftung und Dämpfung der Rollen verantwortlich und läßt zum anderen Aussagen über den Verschleiß zu. Gemessen wird die Härte in Durometer (A) — von 74 A (weich) bis 100+A (sehr hart).
Weiche Rollen sind für rauhen, schwierigen Untergrund besser geeignet, da sie Stöße besser kompensieren und einen softeren Fahrstil zulassen. Sie verschleißen jedoch sehr schnell.

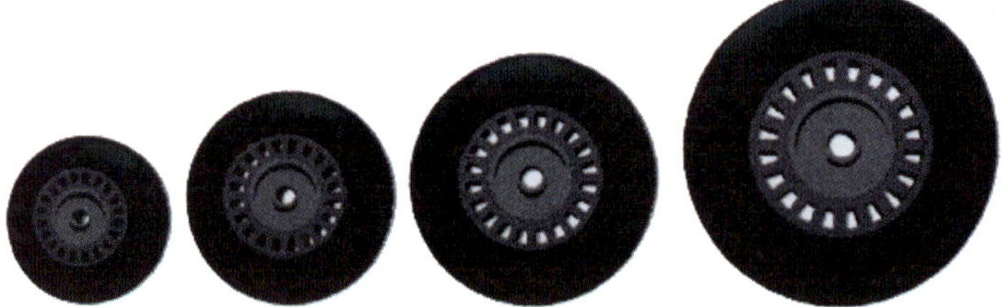

hohe Beschleunigung	◄──►	**geringe Beschleunigung**
geringes Tempo	◄──►	**hohes Tempo**
gute Wendigkeit	◄──►	**geringe Wendigkeit**

Rollengrößen und Eigenschaften

Aggressive-Fahrer bevorzugen harte Rollen, obwohl sie Schläge weniger gut absorbieren. Aber sie erlauben ein unmittelbares Gefühl für den Untergrund, ermöglichen eine direkte Kraftübertragung und rutschen beim Grinden leichter als weiche Rollen.

✗ Als **Rebound** bezeichnet man hier die Rückfederkraft einer Rolle. Er hängt ab von der Härte der Gummimischung und der Felge. Eine Speichenfelge hat einen besseren Rebound als massive Felgen. Ein harter Rebound garantiert eine gute Kraftübertragung der Beinaktionen auf den Asphalt, ein schwacher Rebound „schluckt" die Kraftaufwendungen und bringt weniger Druck auf den Untergrund.
Sogenannte Pneus, luftgefüllte Rollen, bieten eine bessere Haftung und ein flexibleres Profil, was sich besonders bei rasanten und engen Kurvenfahrten bemerkbar macht. Die Rollen werden bevorzugt beim Inline-Hockey eingesetzt. In der amerikanischen Profiliga der Inline-Hockey-Spieler laufen fast 80 Prozent aller Spieler mit diesen Rädern. Bislang gibt es die Rollen nur mit abgeschlossenen Luftkammern.
Profilrollen für Regen sind bislang nur vereinzelt auf dem Markt. Das Problem ist, daß die starke Abnutzung das Profil sehr schnell verschleißt. Die Firma

Ein Skate für Querfeldeinfahrten: der Big Cat von Roces mit großvolumigen Reifen

Roces hat Entwicklungen vorgestellt, die mit breiteren, großvolumigen Profilreifen die Skates auch geländetauglich machen — eine Entwicklung, die sich noch behaupten muß.

Die Schiene

Die Schiene (Frame) verbindet den Schuh mit den Rollen.
Eine gute Schiene ist extrem steif und in alle Richtungen verwindungsarm, damit der Schuh laufruhig fährt.
Bei einfacheren Hartschalen-Skates sind Schale und Schiene nicht selten aus einer Spritzgußform. Besser ist es aber, wenn die Schiene ein eigenes Teil ist. Dann kann sie notfalls erneuert werden, und es besteht die Möglichkeit der besseren Material-

Rollenhärten und Eigenschaften

	74A	78A	82A	88A	100+A	
WEICH ◄						► **HART**
hohe Abnutzung						**geringe Abnutzung**
hohe Haftung						**geringe Haftung**
hohe Dämpfungseigenschaft						**geringe Dämpfungseigenschaft**

abstimmung. Als Materialien werden Kunststoff, Aluminium, Magnesium, glasfaserverstärktes Nylon und Carbon verwendet.
Bei normalen Freizeitskates werden hauptsächlich Kunststoffschienen verwendet, beim Hockey und Speed meist Aluminium: Der Vorteil: Aluminium ist leicht, aber trotzdem sehr verwindungssteif. Auch Carbon wird bei den Speed-Skates eingesetzt, ist jedoch sehr teuer. Im Stunt-Bereich kommt es ebenfalls auf eine sehr robuste, steife Schiene an. Allerdings sind Aluschienen zu hart für Sprünge. Ein wichtiger Punkt bei den Schienen ist das **„Rockering"**. Darunter versteht man die **Möglichkeit der Höhenverstellung der Rollen.**

Arten des Rockering:

- **Flat Rockering:** Alle Rollen liegen auf einer Höhe. Diese Standardeinstellung wird bei Freizeit-Skates und bei Speed-Skates verwendet. Sie bewirkt gute Laufruhe und Spurstabilität.

Beim Positive Rockering (li) sind die vordere und hintere Rolle höher angebracht, beim Negative Rockering (re) sind die beiden mittleren Rollen kleiner

- **Negativ Rockering:** Die beiden mittleren Rollen liegen höher oder sind kleiner als die äußeren. Diese Einstellung wird zum Teil von Street-Skatern verwendet, die viel grinden. Allerdings geht sie zu Lasten der Wendigkeit.
- **Positiv Rockering:** Die erste und die letzte Rolle sind höher gelegt. Effekt: Der Schuh wird wesentlich drehfreudiger und wendiger. Beim Streethockey wird dies fast durchgängig gemacht.

Streetskater legen Wert auf robuste Schienen

Allerdings leidet die Laufruhe bei dieser Einstellung.

Mit exzentrischen Distanzbuchsen in der Schiene (Rockering-Spacer) oder unterschiedlich großen Rollen läßt sich das Rockering einstellen.

Die Kugellager und die Achsen

Die Lager (Bearings) sind das Herzstück der Skates. Sie sind entscheidend für die Fahrqualitäten. Bestandteile der Lager sind Außenring, Lagerschale, Sprengring, Lagerkäfig, Kugeln und Innenring. Die DIN 608 legt die Toleranzen der Lager für Maß, Form und Laufgenauigkeit fest. Als Schmierstoffe werden Fette, Öle oder Gemische mit Lithium-Zusätzen eingesetzt (siehe **Pflegetips** auf Seite 25f.).
Als Qualitätskriterium für die Lager gilt die **ABEC-Wertung** (**A**nnular **B**earing **E**ngineers **C**ommittee). Diese Werteskala unterscheidet fünf Qualitätsstufen: ABEC 1/3/5/7 bis 9. Je höher die Zahl, um so größer die Laufgenauigkeit des Lagers. Die ABEC-Zahl sagt aber nichts über die Geschwindigkeit aus, die das Lager zuläßt, sondern nur über die Laufruhe.
Die Bezeichnung Z oder RS besagt, daß lediglich auf einer Seite des Lagers Dichtungsscheiben sind, die andere Seite ist offen. Sie müssen also regelmäßig gesäubert und gefettet werden.

ZZ- und 2RS-Lager haben auf beiden Seiten Dichtungsscheiben und sind daher wartungsfrei.
Recreation-Skates sind meist mit Lagern der Qualitätsstufen 1 oder 3 ausgestattet. Nur in sehr guten Skates und Speed-Schuhen sind höherwertige Lager serienmäßig. Ein kompletter Satz (zwei Lager pro Rolle, also 16 für beide Schuhe) kostet bei einer Qualität von ABEC 5 zwischen 60 und 100 Mark.
Die Kosten für Lager sind auch ein Grund, warum identisch aussehende Skates unterschiedliche Preise haben können.
Normale Lager haben sieben Kugeln, hochwertigere acht. Dies macht sich jedoch kaum in der Geschwindigkeit bemerkbar. Über die Lebensdauer entscheidet das verwendete Material: Stahllager halten länger als Blechlager.

Die Spacer

Die Lagerspacer dienen dazu, die zwei Kugellager pro Rolle auf Distanz zu halten. Sie sind aus Nylon, Alu oder Stahl gefertigt. Kunststoff-Spacer verformen sich sehr leicht durch den seitlichen Druck in der Abstoßphase und die hohen Temperaturen aufgrund der Reibung. Alu- und Stahlspacer sind hochwertiger, aber auch teuer. Hierdurch können wiederum Preisunterschiede auftreten.

Die Kombination aus Kugellagern, Spacern und Rollen entscheidet über die Laufeigenschaften

Die Protektoren (Schützer)

Schützer gehören beim Inline-Skaten zur Grundausstattung. Darauf aus Geldgründen zu verzichten, kann böse Folgen haben (siehe Seite 84). Gerade Anfänger sparen an der falschen Stelle, wenn sie meinen, mit den alten Volleyballknieschonern sei es am Anfang auch getan.

Für abgehobene Typen: Springen ohne Protektoren

Minimale Grundausstattung mit Schützern:

- ✗ Knieschützer
- ✗ Ellenbogenschützer
- ✗ Handgelenk (Wrist-Guards)
- ✗ Helm (Wichtig für Anfänger)

Auch erfahrene Skater sollten auf das Anlegen der Protektoren nicht verzichten. Denn meist steigen mit dem Fahrkönnen auch Risikobereitschaft und Geschwindigkeit, und das erhöht die Verletzungsgefahr. Allerdings benötigt man je nach bevorzugtem Fahrspaß unterschiedlich starke Schützer.

Faktoren bei der Beurteilung der Protektoren:
Verrutschen: Die Schützer müssen fest sitzen, ohne zu kneifen. Ständiges Zurechtrücken der Schützer ist nervig. Ein breites, festes Klettband zum Fixieren hilft.
Bewegungsfreiheit: Die Protektoren sollen schützen, dürfen aber nicht die Bewegungen einschränken.
Fixierung der Protektoren: Meist werden die Protektoren durch zwei Klettbänder angelegt. Durch das ständige Bewegen der Knie können sich einfache Klettverschlüsse leicht lösen. Doppelte halten entsprechend besser.
Haltbarkeit: Außen sollten sie aus robustem und abriebfestem Material (Cordura) bestehen, das nicht gleich aufreißt, wenn die Schoner mal zum Einsatz kommen.
Material/Paßform: Das Innenmaterial sollte weicher Schaumstoff sein, um eine optimale Anpassung an die Gelenke zu ermöglichen. Die weiter außen liegenden Schaumstoffschichten sollten härter sein.
Komfort: Die Schützer müssen schnell an- und auszuziehen sein. Protektoren, die wie Strümpfe über Knie oder Ellenbogen gezogen werden, sitzen zwar oft besser, sind aber umständlich. Schweißbildung läßt sich kaum verhindern, da die Schoner eng anliegen müssen. Und atmungsaktiver Schaumstoff existiert noch nicht.

Recreation-Schützer

Für den Recreation-Fahrer reichen die Standardschoner.
Die **Ellenbogen- und Knieschützer** bestehen aus einer weichen Schaumstoffpolsterung innen und einer harten Plastikschale außen, die bei Stürzen die Wucht absorbieren soll.

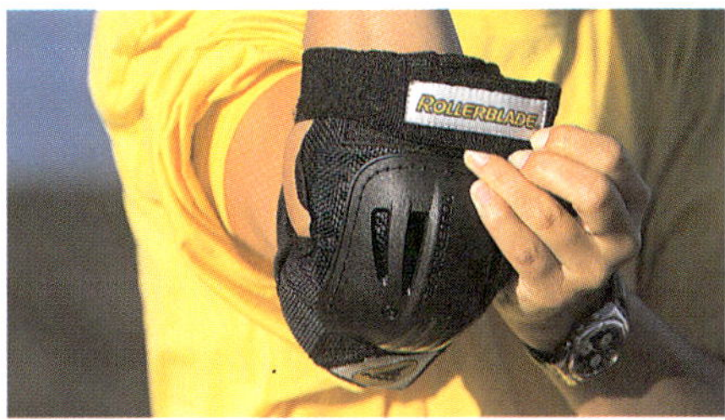

Ellbow-Pads: Die Schoner müssen bei einem Sturz eng und fest sitzen

Die **Wrist-Guards** sind aus Nylon gefertigt - es ist sehr grob gewebt, um eine gute Lüftung sicherzustellen. Für den Daumen ist eine Aussparung vorgesehen, an der Handinnen- und -außenfläche verstärken und schützen zwei Kunststoffschienen das Handgelenk. Die anatomisch vorgeformten Schienen gewährleisten einen bequemen Sitz.
Für Speed-Skater ist ein **Helm** Pflicht. Auch als Anfänger empfiehlt es sich, einen Helm zu tragen. Die speziellen Inline-Helme ähneln in der Bauweise den

Wrist-Guards: Kunststoffschienen auf der Handinnen- und -außenseite schützen das Handgelenk

klassischen Fahrradhelmen. Die harte PU-Schale und Schaumstoff als Dämpfungsmaterialien sind leicht und trotzdem effektiv. Ob man einen Helm trägt oder nicht, ist auch Geschmackssache, aber man sollte sich immer vor Augen führen, daß Geschwindigkeiten von 35 Kilometern pro Stunde schnell erreicht sind. Dafür muß man auf dem Fahrrad schon ordentlich in die Pedalen treten.
Preise: Protektoren-Set: 100 bis 200 Mark; Helm: ca. 100 Mark.

Aggressive-Schützer

Die Schutzausrüstung für diese Spezies Skater fällt etwas massiver aus. Die **Knie- und Ellenbogenschützer** sind anatomisch vorgeformt, das dämpfende Schaummaterial ist wesentlich dicker, und die austauschbaren Kunststoff-Hartkappen (Recap) sind stabil gefertigt. Stürzen gehört bei den Halfpipe- und Streetfahrern zum Geschäft. In der Halfpipe werden die meisten Stürze über die Knie abgefangen - und da können punktuell Kräfte von bis zu 500 Kilogramm auf die Kniescheibe einwirken. Einfache Plastikschoner würden einfach zerspringen. Halfpipe-Spezialisten verzichten häufig auf Wrist-Guards, da sie bei den unterschiedlichen Griffen und Sprungvarianten stören. Ein **Helm** sollte in der Halfpipe jedoch Standard sein.

Knee-Pads: Aggressive-Schützer (li) sind größer und robuster als Recreation-Protektoren

Es reicht ein einfacher Helm mit einer festen Kunststoffschale und einer Schaumstoffpolsterung.
Preise: Knee-Pads: ca. 80 bis 230 Mark, Elbow-Pads: ca. 50 bis 200 Mark, Helm: ca. 100 bis 180 Mark.

Hockey-Ausrüstung

Wer Inline-Hockey intensiv betreiben möchte, der benötigt eine etwas umfangreichere Ausrüstung. Angelehnt an die Eishockeykluft, gehören beim Inline-Hockey auch dick gepolsterte Handschuhe, Helm, massive Ellenbogen-, Knie- und Schienbeinschoner sowie ein Schulterpanzer und eine gepolsterte Hose zur Ausstattung. Insgesamt ist die Schutzbekleidung für die Freizeit-Inline-Hockeyspieler nicht so robust und schwer gefertigt wie die Eishockeykluft. Lediglich im Profibereich gleichen die Schützer sehr stark denen im Eishockey.
Die **Preise** für die komplette Ausrüstung sind natürlich höher als im Recreationbereich. Handschuhe: ab 120 Mark, Ellenbogenschützer: 90 Mark, Knie-/Schienbeinschoner: ab 90 Mark, Hose: ab 170 Mark, Schläger: ab 35 Mark.

Pflege und Wartung

Gute Skates benötigen eigentlich nicht viel Pflege, aber um die Lebensdauer der

Stiefel zu verlängern und den Rollspaß nicht übermäßig stark zu bremsen, sollten einige **Tips** beachtet werden.

Rollen wechseln

Die Rollen unterliegen einem sehr großen Verschleiß. Je nach Fahrtechnik, Körpergewicht, Härte der Rollen und bevorzugten Strecken laufen sich die Räder auf den Innenseiten relativ stark ab.

Opfer des Asphalts: Weiches Rollenmaterial ist nichts für rauhen Straßenbelag

Tip: Die Skates nach ca. 40 — 50 Kilometern einer Inspektion unterziehen und beim Boxenstopp die Rollen durchtauschen — die vordersten und hintersten Rollen verschleißen am stärksten, die mittleren weniger.

So tauschen Sie die Rollen:
Denken Sie sich die Räder von vorn nach hinten von „1" bis „4" durchnumeriert. Jetzt tauschen Sie Rolle „1" mit „3" und „2" mit „4" vom linken und rechten Skate aus und drehen sie zusätzlich noch um 180 Grad, so daß die Innenseite nach außen zeigt. Beim nächsten Mal das Ganze umgekehrt. Warten Sie mit dem Umsetzen der Rollen nicht zu lange. Wenn das Profil zu weit runtergefahren

Boxenstopp: Mit einem Inbusschlüssel lassen sich die Rollen problemlos austauschen

ist, können Sie nur noch einen kompletten Rollenwechsel machen — mit neuen Slicks.

Rollentausch: Und das sind die Tauschpaare
1 — 3
2 — 4

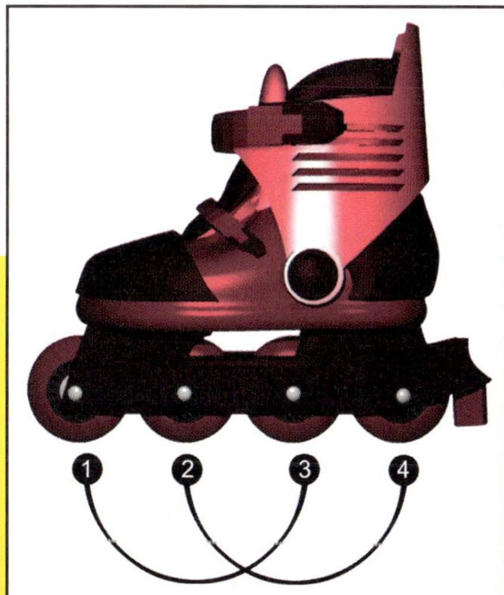

Kugellager fetten

Je nach Qualität der Lager müssen diese von Zeit zu Zeit geschmiert werden. Speziell wenn man im Herbst auf nassen und dreckigen Straßen gelaufen ist, kann es im Kugellager schon mal knirschen und knacksen. Normales Lagerfett hat sich für den Hausgebrauch besser bewährt als Öl. Die Schmierstoffe sollen die Laufeigenschaften des Lagers verbessern und den Kugeln Schutz gegen Schmutz und Feuchtigkeit bieten.
Bei Fettschmierung müssen die Kugellager zuerst auf Betriebstemperatur gebracht werden, damit sich das Fett verflüssigt und entsprechend leichtgängig wird.
Lagerfett ist wasserabweisend und wartungsärmer als die Ölschmierung. Dafür hat Öl den Vorteil, daß die Lager von vornherein sehr leichtgängig sind. Allerdings ist Öl auch schmutzanfälliger. Hochwertige Lager sind meist sehr gut abgedichtet, so daß hier eine gezielte Schmierung vernachlässigt werden kann.

So reinigen Sie die Lager:

Benötigte Utensilien: Lappen, zwei Imbusschlüssel, ein kleiner, spitzer Schraubenzieher und ein altes, stabiles Messer. Dazu Entfetter (Citrusreiniger, Waschbenzin, Nagellackentferner).

Arbeitsschritte:

1. Rollen mit dem Imbusschlüssel ausbauen.

2. Lager rausnehmen. Mit einem kleinen, stabilen und spitzen Schraubenzieher das Lager mit den Spacern rausdrücken.

3. Lager und Kugeln putzen. Zum Öffnen der Lager gibt es zwei Möglichkeiten:
   Erstens: Die Lager sind auf einer Seite halb offen.
   Zweitens: Der Lagerdeckel wird von einem Sprengring gehalten, den man mit dem Schraubenzieher oder Messer lösen kann.
   Der Lagerdeckel ist fest fixiert. Dann muß er lediglich mit dem Schraubenzieher herausgehebelt werden. Dabei geht der Deckel häufig entzwei. Man kann die Lager dann trotzdem noch weiter verwenden (offene Lagerseite beim Einbau nach innen).

4. Kugeln und Lagergehäuse entfetten. Die Kugeln und das Lagergehäuse in ein „Bad" mit dem Entfetter geben. Die Teile kurz „einweichen" lassen und wenn sich der Dreck gelöst hat, mit klarem Wasser ausspülen, trocknen.

5. Einfetten und zusammenbauen. Mit Öl (ein Tropfen pro Lager reicht) oder

Inline-Hockey-Ausrüstung: Helm, Schulterpanzer, Ellbogen- und Knieschutz

Kugellagerfett die Kugeln schmieren und den Lagerdeckel wieder auf das Gehäuse setzen. Zuerst das eine Lager wieder in den Rollenkern drücken und von der anderen Seite erst den Spacer und dann das zweite Lager einsetzen. Die Rollen wieder einschrauben — fertig.

Bremsen wechseln

Die Bremsklötze unterliegen einem natürlichen Verschleiß. Kontrollieren Sie also ab und zu die Bremsgummis, und wechseln Sie sie bei zu starker Abnutzung aus. Dies ist der Fall, wenn Sie die Zehen zu stark anheben müssen, um eine Bremswirkung zu erzielen — vorausgesetzt, die Bremse ist richtig eingestellt. Der Bremsklotz könnte vielleicht vom Hersteller aus oder für ihren Laufstil zu hoch eingestellt sein. Bei vielen Modellen kann das Bremsgummi mittels einer Schraube oder Rändelmutter in der Höhe verstellt werden. Läßt sich das Gummi nicht weiter nach unten verstellen und müssen die Zehen zum Abstoppen stark angehoben werden, hilft nur noch ein Auswechseln des Bremsklotzes.

Bewegungsbiographie und koordinative Grundlagen

Wir kommen alle mit sehr unterschiedlichen Vorerfahrungen zum Inline-Skating. Schon die Motivation ist davon geprägt: Ob Sie „Aha, Eishockey!" oder „Kunstlauf!" assoziieren oder das Gerät sofort durch die Skibrille interpretieren und „Slalom!" denken. Unsere Sicht ist von unserem Erfahrungsschatz geprägt. Eine Handball-Kreisläuferin und ein Judoka mit all ihren Sturzerfahrungen sehen Inline-Skating völlig anders als ein Betrachter, der sich vielleicht plötzlich an einen folgenschweren Sturz auf der Eisbahn erinnert.

Wir können solche subjektiven Wahrnehmungen und Interpretationsunterschiede nur über die persönlichen Bewegungsvorerfahrungen verstehen. Gute Trainer oder Lehrer werden sich immer bemühen, Ihre ganz eigene Sport-Geschichte kennenzulernen. Im Kontext von Inline-Skating sollten die Fragen auftauchen: Schon mal eis- oder skigelaufen? Hatten Sie früher einmal Rollschuhe? Treiben Sie eine andere Sportart, bei der gekonnte Stürze bzw. Falltechniken verlangt sind — Judo, Volleyball, oder sind sie Torwart? Das von Ihnen Erlebte bedeutet auch immer einen ganz individuellen Bewegungsschatz. Eine Fußballspielerin zum Beispiel hat eine ausgeprägtere Außenwahrnehmung entwickelt: Ihre Strafraumerfahrungen werden ihr helfen, beim Skaten im Straßenverkehr bzw. in der Gruppe stets die Übersicht zu behalten. Ein Eishockeyspieler fährt so Inline-Skating, wie er es mit seinem gewohnten Gerät kennt.
All solche Vorerfahrungen bilden die koordinativen Grundlagen eines Menschen. Sie sind ausschlaggebend dafür, wie gut wir Situationen und Umweltanforderungen wahrnehmen, steuern und regeln können bzw. auch Neues erlernen. Was anderen leichtfällt, muß und kann Ihnen nicht unbedingt locker gelingen. Besonders wenn Ihnen intensivere Gleichgewichtserfahrungen fehlen, sollten Sie sich fachkundige Anleitung holen (vgl. S. 127) - zum Beispiel in Einführungskursen, wie sie

INFO-Tip:

Mehr über das Ausbildungs- ,Lern- und Trainingskonzept Situatives Inline-Skating-Training können sie erfahren über die Kontaktadresse: Dozent Volker Nagel c/o Fachbereich Sportwissenschaft, Universität Hamburg, Mollerstraße 10, 20148 Hamburg.

Fahren von Inline-Skating – Lerngrundsätze

Inline-Skating-Schulen anbieten oder auch zunehmend Sportvereine. Unser Handbuch will Ihnen zusätzlich Ratgeber sein und hilft Ihnen mit Wettkampfadressen, Fahrtechniktips bis hin zu Lernmethoden. Letztere stammen aus einem am Fachbereich Sportwissenschaft der Universität Hamburg entwickelten Konzept (Projekt „Freizeitsport Inline-Skating"; Leitung: Volker Nagel). Es hat sich bei mittlerweile über 6 000 erwachsenen Kursteilnehmern und über 8 000 Kindern (Schulklassen, Kinderkurse) so wie in vielen Fortbildungskursen für Lehrer, Verkehrspolizisten, Skitrainer ... bewährt.

Lernen mit Gefühl

Inline-Skating ist mit roher Kraft alleine nicht zu bewerkstelligen. Es verlangt einen sensiblen Körpereinsatz. Immerhin sind Sie unter hohen Gleichgewichtsanforderungen in oft sehr abwechslungsreicher Umgebung mit vielen Außenreizen (Straße, andere Skater, Unebenheiten, ...) unterwegs, da sind all Ihre Sinne voll gefordert. Neben dem Gleichgewichtsempfinden ist ein sehr hohes Maß an Bewegungsgefühl wesentlich, zum Beispiel ein ausgeprägtes Kantengefühl. Sie müssen ein Gespür für Ihre Füße, die Rollen, deren „Kanten" (= Rolleninnen- und -außenseite) und die damit möglichen Krafteinsätze und Bewegungsmöglichkeiten entwickeln. Sie werden nur so geschickt Ihre Skates und

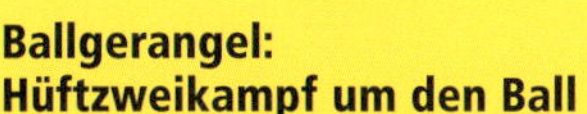

Ballgerangel: Hüftzweikampf um den Ball

Reaktions-Verfolgungs-Spiel: Eine gut zentrierte Hüfte ist das A und O für blitzschnelle Situationsanpassung

skatend Ihre Umwelt erobern, wie sensibel Sie sich selbst und Ihre Umgebung wahrnehmen. Ausgeprägte Selbst- und Außenwahrnehmung auf der Basis feinen Gleichgewichts- und Bewegungsgefühls sind die wichtigsten Qualitäten situationsgerechten Inline-Skatings. Situativ heißt dabei: Ihrer persönlichen Situation (müde? frisch? in Balance? gerade am Kippen?) und der Situation um Sie herum (Gegenverkehr? Steine auf der Straße? Mitspieler neben mir? Windwiderstand?) gefühlvoll angepaßt.

Diesen tatsächlichen Anforderungen sollten auch die Tips und Methoden zum Lernen oder Sich-Verbessern gerecht werden.

Über diese Argumente hinaus ist „Lernen mit Gefühl" zu empfehlen. Zum einen im Sinne von Lebensgefühl: Erlebnisreich-spielerische sowie wahrnehmungsreich-spannende Lern- und Trainingsformen motivieren, beleben, verhindern Langeweile und erhöhen die Bewegungslust. Zum anderen im Sinne von Selbstgefühl:

Die Lust am Skaten wächst auch, wenn Sie sich beim Spaß schnell weiterentwickeln und lernen.

Tuen Sie sich deshalb überholte Lernmethoden und Übungen nicht an mit

1. ellenlangen und immer wieder nur mündlichen Erklärungen und Anweisungen,
2. banalem Vor- und Nachmachen, bei dem Ihnen etwas „toll vorgefahren" wird und Sie sich dann im Nachahmen abstrampeln.

So würden Sie viel Übungs- und Wiederholungszeit benötigen, um die gewünschte Technik zu erlernen. Setzen Sie sich vielmehr experimentierfreudig und möglichst abwechslungsreich mit sich, Ihren Skates und der Umgebung auseinander.

Die folgenden **Lern- und Trainingstips** sollen dieses unterstützen, indem sie mit spielerischem Reiz neue Bewegungserfahrungen provozieren und Ihnen helfen, **Ihre** Inline-Skating-Technik zu entdecken.

Lernen an der Gleichgewichtsgrenze

Wir lernen immer dann besonders wirkungsvoll, wenn wir „an unsere Grenze gehen". Der Aufenthalt in diesem für Lernen und Trainieren so fruchtbaren Grenzbereich bedeutet in Gleichgewichts-

Rücken an Rücken „schubbern": im spielerischen Zweikampf die optimale Gleichgewichtsposition auf Skates erfühlen

sportarten wie Inline-Skating, Skifahren, Eislaufen, Snowboard etc. die Auseinandersetzung mit der persönlichen Gleichgewichtsgrenze. Einerseits macht gerade dies mit seinem Kribbeln im Bauch die Spannung und Lust solcher Sportarten aus. Andererseits liegt hier auch für viele eine Lern-Hemmschwelle aus Sturzangst, Sorge vor Verletzung und Blamagefurcht. Sie werden diese Schwelle überwinden, wenn Sie unserem Rat folgen: **Bringen Sie sich mit Absicht, Mut und Klugheit an den Rand Ihres Gleichgewichtes.** Dies ist natürlich nur dann vernünftig, wenn Sie mit der Gleichgewichtsgrenze umgehen können. Dafür benötigen Sie vor allem dreierlei: sich schützen, sich stützen und stürzen können, wie im nachfolgenden Abschnitt erläutert.
Mit diesem Können werden Sie nicht nur Ihr Lerntempo, sondern auch den Laufgenuß erhöhen. Risiko ist nun einmal bei Gleichgewichtssportarten die Kehrseite der Medaille, auf der vorn Fun und Spannung steht. Lernen Sie, mit diesem Risiko geschickt umzugehen, so erhöhen Sie Ihr Sicherheitsgefühl.

Wer über seine Gleichgewichtsgrenzen hinauswächst, steigert auch seine innere Balance und gewinnt an psychischer Stärke.

Schützen, stützen, stürzen können

Diese drei goldenen S der hier skizzierten Trainingsmethodik (nicht nur) für Inline-Skating sind im Detail mit folgenden Grundsätzen umsetzbar:

✗ **Schützen können:** Die Investition in Helm, Hand-, Ellenbogen- und Knieschutz lohnt sich mehrfach.

- Sie werden diese Ausrüstungsteile auch in verwandten Sportarten einsetzen können.

- Sie werden schwierige Inline-Skating-Techniken und Tricks abgesichert schneller lernen.

- Sie fühlen sich unbesorgter und damit beim Skaten wohler.

✗ **Stützen können:** Bauen Sie Gleichgewichtshilfen in Ihre Übungen ein, durch die Sie im Notfall „aufgefangen" werden. Dafür sind mobile Stützen ideal, die Sie in Ihrer Bewegung begleiten (z.B. Einkaufswagen, Partner) oder Ihnen zur Seite „stehen" (z.B. Laternenpfahl), ohne Sie zu behindern. Stützen Sie sich aber nicht zu stark ab — Sie müssen Ihre Gleichgewichtsgrenze noch erleben. Ausgezeichnete Stützen sind vor allem Skistöcke (Seite 78), die Sie

Ein Einkaufswagen als aktive Stütze erlaubt das Üben an der Gleichgewichtsgrenze

beim Skaten mitführen. In jedem Fall können Sie sich von Partnern absichern lassen, die im Stehen, Mitgehen auf Schuhen oder Mitskaten Stütze(n) bieten: mit ihren Händen oder mit Geräten wie Besenstielen, Hula-Hoop-Reifen, Eishockeyschlägern.
Generell gilt: Ihr Lernen wird am wenigsten verfälscht, wenn Sie selber Ihre Stützen betätigen und Ihren Einsatz bestimmen können.

Leichter lernen: der Partner als aktive Gleichgewichts- und Rhythmusstütze

✗ **Stürzen können:** Am wohlsten werden Sie sich fühlen, wenn Sie im Falle eines Falles auch kontrolliert landen können. Wer stürzen kann, kann mehr wagen und erleben. Das Trainieren von Sturzsituationen ist für Inline-Skater ganz wichtig, da Stürze auf hartem, rauhem Untergrund gefährlicher sind als solche auf rutschfreundlichen Oberflächen wie Eis, Hallenboden oder auf weichem Grund wie Schnee.

Vier Elemente machen den gekonnten Sturz aus:

✗ **Abfangen:** Stürzen Sie nicht wie eine „gefällte Eiche". Senken Sie vielmehr Ihren Körperschwerpunkt geschmeidig ab wie ein nachgebender Stoßdämpfer. Geben Sie klug nach, und fangen Sie die Fallenergie sanft ab.
Üben Sie diese Bewegung schon beim Aufwärmen ohne Skates mit Ballkunststücken: Lassen Sie sich von Ihrem Partner einen großen (Fuß-, Basket-) Ball zurollen. Stoppen Sie ihn, indem Sie kurz und gezielt mit beiden Knien auf den Ball tippen. Dies entspricht dem Absenken in den Knien beim „Sturz nach vorn"! Tippen Sie mit dem Po auf den Ball, so bereiten Sie den „Sturz nach hinten" vor. Grundsätzlich sollten Sie in jeder Sturzsituation versuchen, sich noch schnell zu drehen, so daß Sie auf den Knieschützern landen können.

- ✗ **Umlenken:** Versuchen Sie, die Fallenergie auch in Rutschenergie umzulenken. Nutzen Sie dabei Ihre Skate-Schützer so wie Ballspieler Ihre Knieschützer. Üben Sie — ohne Skates — vorbereitend auf glatten Böden. Senken Sie sich langsam ab. Kurz vor dem Moment des Knieaufsetzens auf ein Handtuch oder einen kleinen Teppich strecken Sie sich leicht im Sprunggelenk, um schräg aufzusetzen und in leichtes Rutschen überzugehen. Dies ist im Realfall auch auf den Schützern möglich und schluckt einen Teil der Sturzenergie. „Knallen" Sie also nicht senkrecht nach unten.
- ✗ **Mehrpunktlandung:** Verteilen Sie die Energie auf mehrere „Landeflächen". Wenn ein Sturz auf den Knien nicht ausreichend abgefangen werden kann, so setzen Sie Ellenbogen- und Handschutz auf, um sich zusätzlich mit den Armen aufzufangen. Bringen Sie beide möglichst **zeitgleich** auf den Boden. Dies verteilt den Druck auf eine größere Fläche. Beim **Sturz nach hinten** ist dies besonders wichtig. Falls Ihnen für eine Drehung keine Zeit mehr bleibt, können Sie die Knieschützer nicht mehr nutzen. Es bleibt: Po absetzen und beide Unterarme aufsetzen wie Judokas, die das Fallen auf dem Boden „abklatschen".
- ✗ **Abrollen:** Reichen alle genannten Elemente nicht aus, rollen Sie die Restenergie ab: Legen Sie dabei Ihr Kinn auf die Brust, um Ihren Kopf zu verstecken.

Aufwärmen, aufwecken, anregen

Beflügeln Sie Ihr Lerntempo und den Fahrgenuß zusätzlich durch optimales Aufwärmen. Dies sollte Sie für die situativen Anforderungen des Skatens fit machen. Kombinieren Sie deshalb Aufwärmen und Aufwecken Ihrer Muskulatur. Bringen Sie Körper und Sinne in Fahrt. Beginnen Sie auf Schuhen, und steigen Sie dann auf Skates um. Gestalten Sie Ihr Warm-up mit Zweikämpfen und Gleichgewichtsübungen, Ballspielen und Wahrnehmungstraining. So können Sie auch Ihren Bewegungsschatz für das Skaten aktivieren. Zusätzlich sollten Sie Ihre Muskeln vor und nach Ihrem Inline-Training ausgiebig dehnen.

Richtig stürzen:
- **die Knieschützer ausnutzen**
- **die zweite "Landefläche" Ellbogen- und Handgelenkschützer einbeziehen**

Sicher aufstehen über den Kniestand

Basisfahr

Rollerspaß auf einem Bein oder: Aller Anfang ist spannend

Für viele Menschen ist Fahren mit dem Tretroller oder Skateboard eine Bewegungserfahrung ihrer Kindheit. Wenn auch Sie solche Erfahrungen besitzen, bringen Sie für Inline-Skating eine Menge an Bewegungskönnen mit. Im wesentlichen ist Skaten nämlich nichts anderes, als abwechselnd mit einem Skate den anderen als Roller voranzuschubsen.
Deshalb lautet unsere zentrale Anfängerempfehlung:
Beginnen Sie immer auf einem Skate!
Mit einem (noch ungewohnten) Skate an einem Fuß und Ihrem (gewohnten Sport-) Schuh an dem anderen können Sie die Übertragung vertrauter Alltagsbewegungen (Gehen, Laufen) auf die neuen Anforderungen des Rollgerätes unterstützen. Sie werden in dieser Kombination auch schnell herausfinden, daß sich „Sidesteps" (seitliche Nachstellschritte, die Sie vielleicht vom Tanzen oder von Sportspielen wie Tennis, Basketball kennen) auch mit einem Skate am Fuß ausführen lassen.

Sidesteps mit einem Skate

- ✗ Stellen Sie sich Ihrem Partner gegenüber, heben Sie die Hände in Brusthöhe und legen Sie die Handflächen gegen die Ihres Partners. Üben Sie im Spiegeltanz — gehen Sie ein paar Schritte seitwärts — z.B. nach rechts im Nachstellrhythmus: re (Schuh) setzen, li (Skate) nachsetzen, re (Schuh) - li (Skate) ... und zurück.

Variationsmöglichkeiten:

- ✗ Überraschend die Richtung wechseln.
- ✗ Das Tempo erhöhen, indem Sie das Nachstellbein schneller nachziehen. Sie werden einen „Da-damm-Rhythmus" Ihrer Füße bzw. des einen Skates und eines Schuhes hören. Diesen Galopprhythmus kennen die Skifahrer vom

Nase-Knie-Fußspitze-Linie: Eine exakte Technik ist gelenkschonend

beschleunigenden Bogentreten (vgl. hierzu Seite 81).

- ✗ **Mit Hilfe von seitlichen Nachstellschritten Hindernissen ausweichen.** Kommt Ihnen jemand entgegen, oder ein Hindernis taucht auf, so galoppen Sie zur Skatefuß-Seite oder Schuhfuß-Seite seitlich weg oder im Bogen bis zum Stand.
  So kommen Sie **von den Sidesteps zum Rollern**.
- ✗ **Rollern in der Gruppe mit Abklatschen**. Klatschen Sie die Ihnen entgegenkommenden Skater, seitlich vorbeifahrend, ab („gimme five!") — so verbessern Sie Ihre Einschätzung von Abständen.
- ✗ **Möglichst weit rollen.** Versuchen Sie, eine Strecke mit möglichst wenigen Abstößen zu durchrollern. Oder: Wie weit kommen Sie mit einem Abstoß?
- ✗ **Rollerstaffel um die Wette.**

Bereiten Sie sich bei all diesen Übungen schon auf den wichtigen Unterschied zwischen dem Ihnen vertrauten Gehen/Laufen und dem Skaten vor: Der gewohnte Abdruck über die Sohle wird Ihnen auf Skates nicht gelingen. Sie würden bloß auf der Stelle treten — ein irritierender Effekt, den viele Skater erleben, die sich sofort die ungewohnten neuen Inliner an beide Füße ziehen und loslaufen wollen. Wie bei Schlittschuhen oder glattgewachsten Langlaufskiern benötigen Sie den Abdruck von der Innenkante. Üben Sie den Unterschied von Kanten- und Sohlenabdruck durch **Rollern im Kontrast**: Stoßen Sie sich vier- bis fünfmal über die Schuhsohle ab, danach über die Innenkante ihres Schuhes. Merken Sie sich diesen Unterschied für unseren Einstieg auf zwei Skates.

Problem: Es fällt Ihnen schwer, geradeaus zu rollen?
Lösungstip: Bringen Sie Nase, Knie, Fußspitze konzentriert in eine Linie mit dem Zeigefinger Ihrer dem Skate gegenüberliegenden Hand.

Problem: Sie kommen im Rollen schwer in das Gleichgewicht?
Lösungstip: Suchen Sie ein aktives, dynamisches Gleichgewicht. Seien Sie nicht zu statisch auf dem Skate, sondern bewegen Sie sich leicht in den Gelenken.
Hilfe: Prellen Sie mit einer Hand einen großen Ball, und wiegen Sie sich in den Beingelenken mit. Muskelaktivität unterstützt das Gleichgewichtsempfinden.

Gute Technik: Körperschwerpunkt über dem Skate (li)
Problematisch: Körperschwerpunkt zwischen den X-Beinen (re)

Grundschritt: Abstoßen und Rollen

Nun ist es höchste Zeit, sich den zweiten Skate anzuziehen — im Kniestand (vgl. S. 33). Nutzen Sie mobile Stützen (vgl. S. 31 f.). Bauen Sie nun auf Ihrem Ein-Skate-Roller auf.

Übung: Zwei-Skate-Rollern. Belasten Sie einen geradeausgerichteten Skate mit Ihrem Gewicht, und stoßen Sie sich von der Innenkante der Rollen des anderen Skates ab. Wiederholen Sie fünf solche Roller-Takte — z.B. Rollen links, fünfmal Abstoßen vom rechten Skate.
Verkürzen Sie von 5 auf 4 li - 4 re, 3 li - 3 re, 2 li - 2 re bis 1 li - 1 re — schon haben Sie den Grundschritt.
Der **Grundschritt** besteht schlicht aus Abstoß li ⇨ Rollen re, Abstoß re ⇨ Rollen li usw. Würden Sie auf trockenem Asphalt mit nassen Rollen skaten, so würde ein versetzt geöffnetes V-Muster zu sehen sein (beim Eis-Skaten oder Skilanglauf-Skaten immer gut zu sehen!). Dabei wechseln sich beide Beine in Roll- und Abstoßphase ab.

Wichtig:

- ✗ Der Körper wird stets gut über dem vorderen (rollenden) Skate konzentriert.
- ✗ Vor dem nächsten Skateschritt die Beine über dem Skate zusammenführen. Nur dann können Sie den ganzen Körper voll in die nächste Rollphase hineinlegen.
- ✗ Den Skate zum Rollen leicht auf die Außenkante setzen.

Aufgabe: Rollen Sie auf der Mitte und erspüren Sie danach beim „Fallen" in den nächsten Schritt, wie Sie auf die Innenkante der Rollen Ihres Standbeines kommen und diese zum Abdruck nutzen können.

Hinweis: Die für den Abdruck nötige Innenkantenstellung nicht durch Knicken in den Knie- und Sprunggelenken herbeiführen. Sonst drohen sehr schnell schräg abgefahrene Räder — aber noch schlimmer: auf Dauer gesehen schräg gefahrene Gelenkknorpel. Gerade Kinder mit ihren noch sehr elastischen Gelenken neigen zum Gelenkknick-Abdruck — einer sehr verschleißträchtigen Fehlbelastung.
Die **Arme** lassen Sie ganz natürlich mitschwingen. Wir können für das Skaten auf unsere gewohnten und vererbten Bewegungsmuster des Gehens und Laufens und das dabei gegebene Zusammenspiel von Arm- und Beinbewegung vertrauen.

Der Grundschritt: Abstoß und roooollllen

Problem: Sie können sich schwer über einem Skate zentrieren?
Lösungstip: Verbessern Sie Ihr Gleichgewicht: Üben Sie weiter mit den beschriebenen Rollerübungen (vgl. S. 34 f.). Balancieren Sie auf einem Bein und rangeln Sie dabei leicht mit Ihrem Partner.

Problem: Ihr Beinschluß ist zu gering, und Sie fahren zu breitbeinig mit viel X-Bein-Stellung?
Lösungstip: Tippen Sie mit Ihrem freien Bein leicht gegen das Standbein, bevor Sie sich in die nächste Rollphase hineinlegen. Hören Sie deutlich das kurze „Klack" beim Antippen.

Problem: Sie drücken sich zu sehr längs über die Sohle ab, kommen nicht von der Stelle?
Lösungstip: Denken Sie noch mal an den Unterschied zum Alltagsgehen und -laufen auf Schuhen. Skaten mit Kantenabdruck verlangt eine V-Stellung der Füße. Stellen Sie sich Charly Chaplin vor, wie er wie eine Ente über die Innenkanten watschelt.

Grundhaltung: Alles im Lot

Wer seine Skates und den eigenen Körper clever im Griff haben will und Fehlbelastungen der Gelenke und des Bewegungsapparates vermeiden möchte, sollte sich eine Körperhaltung antrainieren, bei der der Körperschwerpunkt möglichst konsequent über einem Skate „lauert". So vermeiden Sie schräge Belastungen der Gelenke. Viel mehr noch nützt diese Position Ihrer (Re-)Aktionsbereitschaft, da Sie Ihren Körperschwerpunkt schneller verlagern, auffangen oder in die Aktion hineinlegen können.
Genau diese Qualitäten zeichnen eine optimale Bereitschaftshaltung aus, wie wir sie besonders in situativen Sportarten (vgl. S. 74) oder in Notsituationen des Alltags benötigen. Inline-Skating benötigt diese Bereitschaftshaltung nicht nur, es lehrt eine solche geradezu. Auf Rollen erhalten Sie besonders sensible Rückmeldungen über Ihre Körperposition.
Halten Sie sich auf Schuhen oder barfuß unausgewogen, so kompensiert Ihr Bewegungsapparat dies durch zusätzliche Haltearbeit. Ihre Skates dagegen reagieren mit Bewegung — sie rollen Ihnen weg, und Sie mussen Ihre Grundhaltung korrigieren. Hier liegen u.a. auch Ansatzpunkte für orthopädisch wünschenswerte therapeutische Effekte durch Inline-Skating. Für (Leistungs-) Sportler stellt es auch in

Gegen das Standbein tippen trainiert eine gute „Beinsammlung"

Gebeugte Knie — „wache" Hüfte: Aktionsbereite Grundhaltung heißt, der Körperschwerpunkt ist im „Lot"

diesem Sinne ein optimales Trainingsmittel dar.

Wollen Sie eine schonende, anatomisch optimale Technik erwerben, dann achten Sie immer auf die Nase-Knie-Fußspitze-Linie (vgl. S. 34 f.).

Kontrollieren Sie Ihre Hüftposition mit den Händen und erspielen Sie sich eine hohe Reaktionsbereitschaft durch Übungsformen, die diese herausfordern (vgl. S. 29 ff.).

Lassen Sie sich vor allem nicht durch falsch verstandene Vorbilder verleiten.

Wenn sehr schnell fahrende Speed-Skater, Eisschnelläufer oder Skifahrer den Oberkörper aus stark gebeugter Hüfte nach vorn legen, so tun sie dies, um den Windwiderstand zu verringern. Sie bezahlen diesen Vorteil, der erst bei hohen Geschwindigkeiten zählt, mit einem Nachteil an Reaktionsmöglichkeiten (Sturzvermeidung wird schwieriger) und erhöhter Rückenbelastung!

Problem: Sie haben kaum Gefühl und Bewußtheit für Ihre Grundhaltung? Sie sind recht hüftsteif und im Rumpf wenig gewandt?

Lösungstip: Testen Sie Ihre Hüftbeweglichkeit: Stellen Sie sich auf beide Skates und wackeln Sie locker mit der Hüfte. Beugen Sie die Hüfte, nimmt die seitliche Beweglichkeit rapide ab. Diese steigt wieder, sobald Sie Ihre Hüfte wieder „ins Lot" strecken. Lassen Sie im Balancierball-Spiel die Hüfte arbeiten.

Der mit dem Ball tanzt: geschickt eine reaktionsbereite Grundhaltung entdecken

Schonendes Bremsen

Richtung ändern oder bremsen? ist die oft unter Streß auftauchende Frage. Grundsätzlich sind die schwungerhaltenden, aktiven Formen der Richtungsänderung (vgl. S. 41) das empfehlenswertere Mittel. Kurventechniken erhalten die Fahrtenergie und schonen Material und Körper. Bremsen dagegen bedeutet, Fahrtenergie in kurzer Zeit und mit hohem Kraftaufwand abzustoppen: Bremstechniken belasten die Skates und vor allem Ihre Gelenke sehr stark. Dies gilt beim Inline-Skating viel stärker als etwa beim Eis- oder Skilaufen. Dort verpufft ein Teil der Energie durch leichtes Rutschen im hochstaubenden Schnee oder Eis. Skates dagegen sitzen fest auf dem Untergrund, so daß alle Kräfte voll in die Gelenke fahren. Trainieren Sie deshalb Kurven- und Bremstechniken bewußt parallel.

Je besser Sie im Richtungsändern werden, desto häufiger können Sie auf unnötige Stoppmanöver verzichten. „Kurven, wenn möglich — bremsen, wenn notwendig!" sollte die Devise lauten.

Dafür sollten Sie über eine möglichst optimale Bremstechnik verfügen. Es gibt eine ganze Reihe erprobter Formen. Einige davon sind allerdings besonders gelenkbelastend und deshalb nur mit Vorsicht zu genießen. Grundsätzlich hängt die Wahl der geeigneten Technik von den aktuellen Rahmenbedingungen ab: Persönlicher Könnensstand und die äußere Situation (Untergrund, Wetter, gefährliches Hindernis?) sind zu beachten.

Die Fersenstopper-Bremse, auch Hackenbremse (Heel-Stop) genannt

Schieben Sie den Skate mit dem Stopper vor. Heben Sie die Fußspitze des vorderen Skates an und belasten Sie über die Ferse den dahinter montierten Gummistopper.

Die T-Stop-Bremse

Eine oft für Skater propagierte Basisbremstechnik, die jedoch nur für geringe Geschwindigkeiten in Frage kommt. Selbst dann ist sie nur begrenzt zu empfehlen, da Sie die Innenbänder und Knorpel vor allem der Kniegelenke hoch beansprucht.
Stellen Sie sich zum Üben auf einen Skate, stoßen Sie sich zwei-, dreimal von der Rolleninnenkante des abgewinkelten Skates ab.
Setzen Sie danach den Skate unter demselben Winkel, den Sie für den Abstoß gefunden haben, auf den Boden und lassen ihn bremsend schleifen. Halten Sie den Winkel durch konstanten Druck Ihrer Fußinnenseite.

Bremsen bei geringer Geschwindigkeit: Die T-Stop-Bremse belastet die Knie- und Fußgelenke sehr stark

Die Schneepflug-Bremse
Auch diese Anfängern häufig empfohlene Bremse ist kritisch zu betrachten und besser zu vermeiden. Unsere Beine sind für eine bremsende A-Stellung nicht gebaut: Eine Vorwärts-einwärts-Drehung beider Beine mit hoher Kraftbelastung stellt eine Fehlbelastung dar.

Die Schneepflug-Bremse schädigt die Kniegelenke

Die Power-Slide-Bremse (Hockey-Stop)
Mit einem voran**gestreckten** Bein die Rollen über den Boden schaben erzeugt eine Bremswirkung, ohne das Fuß- und Kniegelenk durch Gelenkknick zu belasten.

Bildreihe:
Bremsen mit Rasanz: Die Power-Slide-Bremse wird eingeleitet mit...

...einer halben Drehung...

...ein Bein schräg voran aufsetzen...

...und mit den Rollen „schaben"

- ✗ Setzen Sie die Rollen schräg-voran auf den Boden. Wählen Sie einen Winkel, bei dem Ihr stemmendes Bein gestreckt bleibt und der Skate über den Boden schabt, ohne zu abrupt zu stoppen.
- ✗ Trainieren Sie diese Bremstechnik durch vielfältige Variation: kürzer, länger Bremsen ... etc.

Wichtig: Für diese Bremsposition müssen Sie natürlich vom Vorwärts- ins Rückwärtsfahren drehen. Am schnellsten gelingt dies mit einem angedeuteten Umschleifen (vgl. S. 51).

Problem: Sie haben Schwierigkeiten, am gewünschten Punkt in den Stand zu gelangen?
Lösungstip: Trainieren Sie Ihre Brems-Dosierung. Üben Sie an ungefährlichen Hindernissen (wie z.B. alte Handtücher oder alte Teppichfliesen), die Sie in unterschiedlichen Entfernungen von einer Markierungslinie flach auf den Boden legen. Stoppen Sie über die unterschiedlichen Distanzen!

Problem: Sie trauen sich nicht, den Gummistopper oder die Rolleninnenkante aufzusetzen?
Lösungstip: Vor Einsatz der Fersenstopper-Bremse schieben Sie rollend aus paralleler Fußstellung einen Skate vorbereitend

einige Male vor und zurück. Dann stellen Sie den Skate aus dem Nach-vorn-Schieben auf die Ferse (bei ABT-Bremse die Wade nach hinten-unten). Setzen Sie zuerst sanft auf.
Vor Einsatz der Innenkanten bei T-Stop bzw. Power-Slide: einige Male mit der Rolleninnenkante kurz und sanft auf den Boden tippen, dann vorsichtig ins „Schleifen“ bzw. „Schaben“ übergehen.

Bremsen mit Standsicherheit: Das ABT-Bremssystem erleichtert die Fersenstopper-Bremse

...oder besser: Richtung ändern mit Kurventechniken

Bögen ziehen, sich richtig in die Kurve hineinlegen ist auch Bewegungslust. Wir stellen Ihnen drei Hauptvarianten vor, mit denen Sie aktiv-beschleunigend Kurven fahren können. Bei allen dreien gibt es grundlegende Bewegungsmuster.

- ✗ Rund und geschmeidig können Ihre Bögen nur dann werden, wenn beide Skates in die Kurve hinein zusammenwirken. Im Gegensatz dazu neigen unsichere Skater und Anfänger aus Stützbedürfnissen zu einer breitbeinigen Position auf den Innenkanten beider Skates. Beide Skates wirken so als zwei schräge Seitstützen — wie Stützräder beim Kinderfahrrad. Bei dieser Position muß in Kurven das bogenäußere Bein quasi gegen das bogeninnere Bein ankämpfen.
- ✗ Lassen Sie sich in den Bogen hineinkippen: Ihre Skates werden dem Körperschwerpunkt folgen.
- ✗ Lassen Sie Ihre bogeninnere Körperseite aktiv den Bogen suchen. Bogeninnerer Fuß, Hüfte, Schulter sollten in den Bogen hineinführen. So erobern Sie die Kurve auf direktestem Weg; zugleich stützen und begrenzen Sie den Körper gegen einen Fall zur Bogenmitte.

Kurz und knapp:

Zusammenwirken beider Skates in Kurven bedeutet: Einsatz von
- Innenkante des bogenäußeren Skates
- Außenkante des bogenäußeren Skates
Analog dem Kanteneinsatz auf Skiern und Schlittschuhen.

Bogentreten

Es ist eine gleichermaßen stabile wie aktivierende Form der Kurventechnik. Sie ist leicht erlernbar, da sie an allgemein vorhandene Bewegungserfahrungen anknüpft (vgl. S. 34). Stampfen Sie im Side-Step-Rhythmus auf den Skates seitwärts bis zu einem Pfeiler oder einem Laternenpfahl. Legen Sie sich mit den Nachstellschritten in die Kurve hinein. Ihre bogeninnere Hand sichert Sie ab. Übertreiben Sie bewußt. Stampfen Sie Ihr Bogentreten, als wollten Sie eine Wendeltreppe besonders laut hinaufsteigen.

Beispiel Linksbogen: li Stufe, re beisetzen - Stufe li, re beisetzen usw. Geben Sie viel Kniedruck nach unten, damit Ihre Skate-Kanten satt Halt finden und Sie aus der Kniestreckung Vortrieb entwickeln können. Setzen Sie den bogenäußeren Skate betonter und schneller nach, so gehen Sie zum beschleunigenderen, galoppierenden Bogentreten über (reeechts — links, reeechts — links, daaa-damm, daaa-damm).

C-Cuts

Eine andere Art der beschleunigenden Kurvenfahrt besteht darin, sich mit kleinen Mini-bögen in den Bogen hineinzu„schneiden". C-Cuts (C-Schnitte) nennen die Amerikaner, was beim Eislaufen tatsächlich in das Eis geschnitten zu sehen ist. Der bogenäußere Skate reiht mit ständigem Knie-auf-und-ab-Druck kleine C's aneinander und treibt so den Körper in den Bogen.

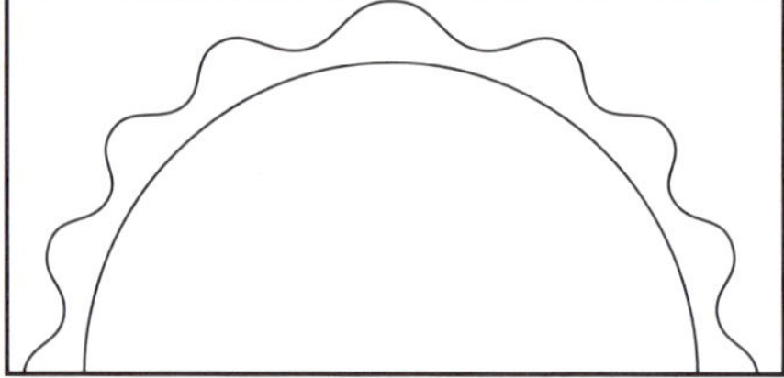

Bei dieser Kurventechnik haben beide Skates ständig Bodenkontakt. So bietet sie hohe Standsicherheit und ist leichter. Es fällt allerdings oft schwer, den beschleunigenden Knierhythmus zu finden.

Tip: Fahren Sie zunächst einige Runden im Bogentreten, und gehen Sie mit Anfangsschwung in die C-Cuts hinein.

Am besten trainieren Sie C-Cut-Bögen am Basketball: Dribbeln Sie im Bogen einen

Kurventraining mit Geländer: bogeninnerer Skate auf die Rollenaußenkante, bogenäußerer Skate auf die Rolleninnenkante

großen (Basket-)Ball mit der bogeninneren Hand auf der Stelle. Dies provoziert nicht nur die gewünschte, oben beschriebene Kurven-Körper-Position. Zusätzlich aktiviert der Basketball Ihre Knie, die Sie einfach mit dem auf- und abprellenden Ball mitmachen lassen.

Vorwärts-Übersetzen

Wird im Bogentreten das Tempo sehr hoch, kommen Sie mit dem Nachstellschritt „kaum mehr nach". Dann benötigen Sie eine raumgreifendere, schnelle Schrittechnik: Kreuzschritte! Da Vorwärts- und Rückwärts-Übersetzen sehr ähnlich sind, vermitteln wir Ihnen beide Techniken im direkten Vergleich im Abschnitt Rückwärtskurventechniken (s. S. 46).

Problem: Sie haben Schwierigkeiten, Ihre Außenkante zu spüren?
Lösungstip: Korrigieren Sie sich selbst im Kontrast. Erspüren Sie den Unterschied: Zwei, drei Bögen in Innenkante-gegen-Innenkante-Stellung fahren im Wechsel mit Phasen, in denen Sie im Gegensatz dazu den Bogen-Innen-Skate auf die Außenkante stellen. Sperriges und rundes Kurvengefühl in den Beinen wechseln sich ab und **werden** so **bewußt**.

Problem: Sie haben Angst vorm Umknikken und trauen sich nicht auf die Außenkante des bogeninneren Skates?
Lösungstip: Rollern Sie Bögen um eine Stütze (Laternenpfahl, Besen). Fahren Sie auf dem Bogen-Innen-Skate, und stoßen Sie sich immer wieder vom ausgewinkelten Bogen-Außen-Skate ab.

Problem: Sie mögen sich „nicht so richtig in die Kurve hineinlegen"?
Lösungstip: Spielen Sie Flugzeug. Holen Sie Schwung, und rollen Sie auf beiden Skates heran. Nehmen Sie eine leicht versetzte Schrittstellung ein und breiten die Arme aus. Kippen Sie nun mit den Tragflächen zu der Seite, auf der Sie einen Skate vorangestellt haben, und es zieht Sie sanft in die Kurve.

Bremsbögen

Bremsen durch Bögen läßt sich in zweierlei Weise erreichen. Entweder rotieren Sie in den Bogen hinein, bis die Fahrtenergie

Kurventraining mit Ball und aktlven Knlen

„abgekurvt" ist und Sie zum Stand gelangen. Oder Sie wollen schneller und abrupter abstoppen, wie Sie es auch beim Bremsschwung von Ski- oder Eisläufern sehen. Dafür benötigen Sie auf Skates einen sauber geschnittenen Bogen und eine ausgeprägte Gegendrehung des Oberkörpers. **Mitdrehen** (in der Fachsprache „Rotation") oder **Gegendrehen** („Torsion") **des Oberkörpers**, jeweils bezogen auf die Drehbewegung des Unterkörpers in den Bogen, entscheidet darüber, ob Sie zum Kringel oder mit einem ca. 90°-Bogen zum Stand kommen.
Solche 90°-„Haken" schlagen Eishockeyspieler, wenn Sie mit kurzen, plötzlichen Richtungsänderungen ihren Gegenspieler abschütteln wollen.
Dieser sogenannte **Canadierbogen** wird von der Bogen- zur Bremstechnik, wenn Sie:

- ✗ am Ende des 90°-Bogens tiefgehend viel Druck auf die Kanten bringen,
- ✗ dabei im Oberkörper deutlich gegendrehen. Diese Torsion begrenzt und beendet die Drehung des Körpers.
- ✗ Die Einleitung eines Bremsbogens erfolgt wiederum durch „Körper-in-den-Bogen-Kippen" in Verbindung mit „Nach-vorn-Führen" des bogeninneren Skates. Stellen Sie diesen Skate betont auf die Außenkante der vorderen oder hinteren Rolle, wird die Bogeneinleitung zusätzlich aktiv unterstützt.
- ✗ Eine breitere Führung der Skates in Kombination mit einer ausgeprägten Schrittstellung erhöht die Standsicherheit.
- ✗ Zum Trainieren der immer nach bogenaußen gerichteten Oberkörper-Torsion sind (am Ende des 90°-Bogens ausgeführte) Aktionen der **bogenäußeren** Hand um den Rücken herum ideal. Klatschen Sie Ihrem Partner gegen die Hand. Würden Sie statt dessen Ihrem Partner eine Ohrfeige hauen, käme es zu einer Pirouette.
- ✗ Würfe mit einem Ball oder Dribbeltricks um den Rücken lassen Sie die Oberkörpergegendrehung auf spielerische Weise erlernen.

Problem: Sie können schwer zwischen Rotation und Torsion unterscheiden?
Lösungstip: Üben Sie im Kontrast. Mit der Außenhand um den Bauch werfen verstärkt das Drehen, werfen um den Rücken verringert oder beendet es.

Der Canadierbogen: schnelle Richtungsänderungen oder wirkungsvolles Bremsen

Oberkörpergegendrehung: Ballwurf mit der bogenäußeren Hand hinterm Rücken zum Partner

Problem: Sie finden nicht den richtigen Zeitpunkt für die Gegendrehung?
Lösungstip: Stellen Sie Ihren Partner vor eine Wand. Fahren Sie, zwei Meter seitlich zu ihm versetzt, auf die Wand zu. Ziehen Sie in den Bremsbogen, und klatschen Sie mit beiden Händen gegen seine in Brusthöhe gehobenen Handflächen: So steht Ihr Oberkörper optimal „quer".

Rückwärtsfahren

Rückwärtsfahren ist stets ein herausforderndes Wagnis. Nicht nur, weil wir hinten keine Augen im Kopf haben, ist das Ganze ungewohnt. Unsere Beinanatomie ist eher für Vorwärtsbewegung eingerichtet. Nach hinten erlauben unsere Knie keinen Beinknick. So sind effektive Rückwärts-Fahrtechniken vielmehr Schlängeltechniken. Durch die Aneinanderreihung paralleler oder gegeneinander gerichteter kleiner Bögen (vgl. S. 42, C-Cuts) oder S-Kurven können Sie sich elegant rückwärts beschleunigen.

Das Geheimnis wirkungsvollen Rückwärtsschlängelns ist die richtige Gewichtsbelastung: stärkere Belastung der Fußballen/vorderen Rollen unter gleichzeitiger Entlastung der Fersen/hinteren Rollen. Für das Vorwärtsschlängeln gilt das Umgekehrte.

Der Vortrieb, eigentlich Rücktrieb, resultiert vor allem aus dem durch Knie-auf-und-Ab entwickelten Druck der Beine auf die Kanten der Rollen. Den richtigen Rhythmus zu finden macht anfänglich Schwierigkeiten. Lassen Sie sich deshalb etwas **Anfangsschwung schenken:** Stoßen Sie sich von einer Wand ab, oder halten Sie sich an einem Einkaufswagen oder quergehaltenen Stab/Besenstiel fest, den der Partner schiebt.

Vom Twisten im Stand zum Rückwärtsfahren und -schlängeln

Sie stellen sich Ihrem Partner gegenüber und legen Sie die Handflächen gegeneinander. Twisten heißt, rhythmisch Ober- und Unterkörper gegeneinander drehen.

Rückwärts „Sanduhrmuster" skaten: eine Möglichkeit, rückwärts zu fahren

Twistend kommt man rückwärts in Fahrt

Twisten Sie auf den vorderen Rollen (den Fußballen). Drücken Sie sich nun vom Partner ab, und schon geht's rückwärts.
Noch sicherer: Twisten Sie am Einkaufswagen rückwärts (Ballenbelastung) oder vorwärts (Fersenbelastung).
Variante: Ein weiterer, einfacher Weg zum Rückwärts-Schlängeln führt über das Rückwärts-Achten- bzw. Rückwärts-Slalom-Fahren (vgl. S. 81).

Problem: Sie haben vor dem Rückwärtsfahren Angst — z.B. auf den Hinterkopf zu fallen?
Lösungstip: Ein durchaus kluger Reflex! Rückwärtsstürze sind sicherlich besonders heikel. Also üben Sie mit Stütze, und benutzen Sie unbedingt einen Helm. Sie werden sich mehr zutrauen und schneller lernen.

Problem: Die Skates rollen Ihnen unkontrolliert und immer schneller nach hinten weg?
Lösungstip: Vermeiden Sie eine starke Körpervorlage. Lehnen Sie sich nicht nach vorn. Schauen Sie Ihrem Partner beim Rückwärtsfahren geradeaus in die Augen; so stehen Sie besser „im Lot". Oder üben Sie zu Hause vor dem Spiegel: Stellen Sie sich auf ein Handtuch. Twisten Sie mit dem Spiegelbild, dem Sie in die Augen schauen.

Rückwärtskurventechniken

Kurventechniken vorwärts und rückwärts sind sich sehr ähnlich und im Grundrhythmus gleich. Sie können also, wie auf den Seiten 42 f. beschrieben, Bogentreten, C-Bögen etc. fahren. Für höhere Geschwindigkeiten gehen wir vom **Nachsetzen** des Bogentretens zum **Übersetzen mit Kreuzschritten** über.

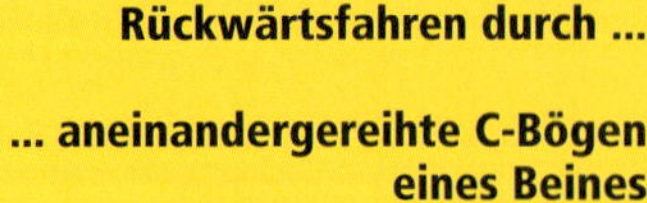

Rückwärtsfahren durch ...

... aneinandergereihte C-Bögen eines Beines

Üben zu zweit mit Überkreuz-Fassung der Arme.

Basis-Übersetzen: mit Kreuzschritten einfach seitlich gehen

Beginnen Sie, Kreuzschritte (im Vorbild nach li) zu stapfen: re kreuzt vor li, li setzt seitlich hinter re vorbei, re kreuzt vor li etc.

- ✗ Lehnen Sie nun Ihre linke Schulter nach links in den Bogen hinein, gelangen Sie automatisch in den Rhythmus eines **Linksbogen-Vorwärtsübersetzens**. Setzen Sie dabei Ihre Fußspitze betont in den Bogen hinein.
- ✗ Wenn Sie sich dagegen mit Ihrer linken Schulter nach rechts in den Bogen hineinlegen, erhalten Sie ein **Rechtsbogen-Rückwärtsübersetzen**. Stellen Sie dazu betont Ihre Fersen in den Bogen hinein.

Rückwärtsübersetzen ist ein attraktives und dynamisches Kunststück. Allerdings ist es vielen Skatern (noch) zu schnell oder zu kipplig.

Vereinfachte Variante: Rückwärts-Bogen-"X" fahren. Eine Technik, bei der Sie ständig auf dem bogenäußeren Skate stehenbleiben können.

Abfolge eines Rückwärts-Rechtsbogens: Ziehen Sie Ihr linkes Bein hinter dem rechten nach bogenaußen, ziehen Sie das rechte Bein, vorn am linken Bein vorbei kreuzend, nach bogeninnen bis zum X der Beine. (Wären Sie mit nassen Rollen auf trockenem Asphalt gefahren, würden Sie unter sich ein X sehen.)

Lösen Sie nun das X der Beine auf, und setzen Sie das ursprünglich bogeninnere linke Bein wieder nach innen gen Bogenmitte ... und schon beginnt das Bewegungsmuster erneut. Reihen Sie „X" an „X"!

Bildreihe:
Rückwärts X-Fahren.
Der Skater zieht das bogeninnere Bein (li) nach hinten-außen, dann das bogenäußere Bein (re) ...

... nach innen bis zur „X"-Stellung der Beine — und ...

... setzt sofort wieder mit dem bogeninneren Bein (li) neu an

Prinzip: Das Innenbein setzt immer wieder neu an, das Außenbein bleibt ständig Standbein.

Problem: Sie „verheddern" sich bei der Beinfolge Ihrer Übersetz-Versuche?
Lösungstip: Unterstützen Sie Ihren Bewegungsablauf durch rhythmusbetonende Selbstbefehle. Sprechen Sie halblaut mit (Kreuzschritt-Rhythmus: vor — seit, rück — seit, vor — seit, rück — seit ...!"; „Innenbein raus! Außenbein rein!")

Problem: Sie haben Gleichgewichtsprobleme beim Übersetzen?
Lösungstip: Gehen Sie mit Kreuzschritten seitlich auf eine Stütze (Pfahl) zu, oder halten Sie einen Skistock in der Hand. Beides kann Sie bei der Wendung in den Bogen hinein sichern.

Problem: Sie kommen beim Rückwärts-Übersetzen nicht in den Bogen hinein, da die Skates eher unterm Körper nach hinten wegrollen?
Lösungstip: Achten Sie darauf, die Skates mit der Ferse gen Bogenmitte zu setzen! Gehen Sie einen Rückwärts-Übersetz-Bogen: Ihnen wird dabei die für den Skating-Bogen erforderliche Fersenstellung deutlich.

Rückwärtsbremsen

Da Rückwärtsfahren leicht angstbesetzt ist und mangels Überblick objektiv auch gefährlicher, gehört die Bremsschulung ganz an den Anfang.

- ✗ Verbinden Sie das Üben der Rückwärtsfahrtechnik „Sanduhr-Fahren" mit dem Erlernen der **Charly-Chaplin-Bremse**: „Malen" Sie mit den Skates eine besonders breite Sanduhr und ziehen Sie die **Fersen** besonders **eng zusammen**. Lehnen Sie sich dabei gegen Ihre Rückwärts-Fahrtrichtung nach vorn. Je höher Ihre abzubremsende Geschwindigkeit ist, desto betonter müssen Sie den Winkel öffnen und sich über beide Innenkanten lehnen. Diese V-Stellung entspricht einem „Schneepflug rückwärts", der sich wegen der besseren Nach-außen-Drehbarkeit unserer Beine leicht ausführen läßt.
- ✗ Bei höheren Geschwindigkeiten ist die als **Power-Slide** bekannte Bremsform sinnvoller (vgl. S. 40). Wenn Ihnen genug Zeit und Raum zur Verfügung stehen, können Sie natürlich auch sanft „abschwingen", wie die Skifahrer sagen. Gehen Sie aus der Rückwärtsfahrt in einen Rückwärtsbogen über, und lassen Sie Ihre Fahrtenergie im Kringel auskurven. Dies ist immer die schonendste Weise des Abstoppens!

Vorwärts ...

übersetzen ...

Charly-Chaplin-Stopp: Einer schiebt (re), der andere stoppt mit Rückwärts-Schneepflugstellung

Zweieraufgabe mit Stützmöglichkeit: die schiebende Partnerin abbremsen

Problem: Sie finden nicht die nötige Körpervorlage beim Rückwärts-Schneepflug?
Lösungstip: Lassen Sie Ihren Partner eine Hand auf Ihre Stirn (aufrechte Körperposition) legen und Sie sanft rückwärts schieben.
Fahren Sie Sanduhrmuster und aus dieser Bewegung heraus in die Bremsstellung „Charly Chaplin". Halten Sie die Hand Ihres mitrollenden Partners mit Ihrem Kopf an. Die Aufgabe lenkt Sie auf die gewünschte Körpervorlage. Nicht in der Hüfte abknicken, sonst rollen Ihnen die Skates unterm Körper weg.

Problem: Sie finden beim Rückwärts-Power-Slide keine Standsicherheit?
Lösungstip: Lassen Sie sich vom Partner mit einem quergestellten Stab schieben. Halten Sie Ihre Hände gegen, **nicht auf** den „Lenker", sonst verfälschen Sie Ihre Balance. Schauen Sie über die Schulter in Fahrtrichtung und gehen Sie in Bremsposition. Tippen Sie zweimal kurz mit den Handflächen gegen den Lenker (der Sie notfalls auch stützt und sichert), um dann Bremsdruck aufzubauen. So stehen Sie stabil!

Vorwärts-rückwärts-Wendungen

Es gibt vier Grundformen der Wendung. Wir möchten diese als Umspringen, Umdrehen, Umsteigen und Umschleifen bezeichnen, um den die Wendung jeweils auslösenden Impuls differenziert zu benennen.

oder rückwärts ...

übersetzen. Ein Helm verleiht mehr Lernmut!

Umspringen
Am simpelsten — vom Gleichgewicht jedoch nicht ganz einfach—ist ein senkrechter 180°-Drehsprung, mit dessen Hilfe Sie exakt in die Fahrtrichtung drehen. Springen Sie kontrolliert, und unterstützen Sie die Drehung durch Herumschwingen Ihrer Arme.

Umdrehen
Eigentlich ein abgeflachtes, nicht mehr sichtbares Springen und Drehen. Strecken Sie sich aus gebeugten Knien. Am Ende der Streckung sind die Rollen entlastet. Diese Bewegung — im Skisport „Hochentlastung" — macht das Fahrgerät für einen kurzen Moment freier beweglich, z.B. besser drehbar, für die Einleitung eines neuen Manövers.
Strecken Sie sich nicht (wie beim Umspringen) explosiv, sondern weicher. Am Ende der Streckung gehen Sie mit Ihrem Gewicht stärker auf die Fußballen bzw. vorderen Rollen und heben die Fersen. Durch Armschwung und Schulterwendung können Sie von vorwärts auf rückwärts umdrehen.

Bildreihe:
Lernen zu zweit

Vorwärts-rückwärts-Wendung ...

... als sanfte Hochentlastung über die vorderen Rollen

Merk-Tip:

Die vier Grundformen der Wendung:
Umspringen — senkrechter Drehsprung
Umdrehen — mit sanfter Streckung
Umsteigen — Füße setzen nacheinander um
Umschleifen — einen Skate schleifen lassen

Umsteigen
Sie können auch Ihre Füße **nacheinander** in die neue Richtung umsetzen. Setzen Sie gegen Ihre Fahrtrichtung einen Skate um 180° nach außen-hinten. Steigen Sie mit Ihrem Körpergewicht auf diesen Skate flüssig um, und setzen Sie den anderen Skate zügig bei.

Umschleifen
Eine weitere Möglichkeit besteht darin, die Drehung 180°-kurvend auszuführen.
Sie können dies auslösen, indem Sie die Innenkante der vorderen Rolle(n) eines Skates kurz gegen den Boden schleifen lassen. Der andere Skate beschreibt prompt eine Kurve. Kurz bevor die 180°-Drehung abgeschlossen ist, stellen Sie den schleifenden Skate bei — und haben eine Vorwärts-rückwärts-Schleife umschrieben.
Diesen Effekt können Sie auch erzielen, wenn Sie den Drehimpuls durch einen betonten Kanadierbogen einleiten (vgl. S. 45).
Für die **Wendung Rückwärts auf Vorwärts** gilt das Umgekehrte. Ihre Skates beschreiben dabei eine Schleife. Sie malen flache „3en" bzw. „Ɛ's" auf den Boden.
Beim Eislaufen kann man diese 3er-Schleife im Eis sehen.
Beugen Sie die Knie zum Einbiegen in die Wendung. In der Mitte der 3 bzw. des Ɛ strecken Sie Ihre Knie, um im Wenden beschleunigt auszubiegen.

Problem: Ihre Skates „kleben" zu sehr am Boden und lassen sich kaum wenden?
Lösungstip: Seien Sie aktiver in den Knien. Bereiten Sie die Hochentlastung beim Umspringen bzw. Umdrehen und druckvollen Tiefgehen beim Umschleifen vor, indem Sie während der Anfahrt zur Wendung in den Knien auf und ab „pumpen" bzw. kleine, senkrechte Minihüpfer springen.

Problem: Sie können nur zu einer Seite wenden?
Lösungstip: Üben Sie zu zweit. Fahren Sie in Überkreuzfassung.
Ziehen Sie sich beim Umspringen bzw. Umdrehen gegenseitig an den Armen herum.
Wechseln Sie nach einiger Zeit die Seiten und wenden Sie vorwärts wie rückwärts.

Springen — und das Gegenteil

Bodenunebenheiten, wie Asphaltlöcher oder Steine, und Hindernisse, wie plötzlich vor einem hinstürzende Mitskater oder herumliegender Abfall, gilt es zu überwinden. Dann ist kontrolliertes Springen gefragt.

Bildreihe:
Eine „3" skaten: Vorwärts-rückwärts-Wendung über die hintere Rolle

Körpervorlage- oder -rücklage beim Jump ist unbedingt zu vermeiden.

Beherrschtes Springen setzt voraus: aus einer wachen und vor allem im Kniegelenk stärker gebeugten Grundhaltung (vgl. S. 37 f.) senkrecht abheben.
Bei der **Landung** geht es dann um das genaue Gegenteil: Geben Sie senkrecht weich abfedernd in den Kniegelenken nach. Stellen Sie sich vor, in einer glühendheißen, engen senkrechten Röhre zu springen — Sie versuchen natürlich, sich nicht an den Wänden zu verbrennen.

Wichtig beim Springen und Landen:

- ✗ Mit der Hüfte und dem Körperschwerpunkt über den Rollen bleiben,
- ✗ starken Hüftknick vermeiden,
- ✗ Knie wie senkrechte Sprungfedern bzw. Stoßdämpfer nutzen.

Basissprungtechnik: Senkrechtes Strecken und Beugen der Knie sichert kontrolliertes Springen und Landen

Diese stoßdämpfende Bewegung bei einer gekonnten Landung ist auch das ideale Mittel, wenn Sie Unebenheiten oder Hindernisse, statt zu überspringen, einfach „schlucken“ wollen (so auch beim Treppenfahren). So wie Skifahrer Bodenwellen durch ein gezieltes Beugen der Kniegelenke ausgleichen, können Sie zum Beispiel von Bordsteinkanten herunterfahren. Sacken Sie im richtigen Moment in den Knien gezielt zusammen, um so den drohenden Stoß aufzufangen.

Tip: Landung und Unebenheiten-„schlucken“ werden leichter, wenn Sie eine leicht versetzte Schrittstellung einnehmen. Machen Sie es in diesem Punkt den Skispringern in ihrer eleganten Telemarklandung nach.

Problem: Bei der Landung rollen Ihnen die Skates immer nach vorn oder hinten „unterm Hintern“ weg?
Lösungstip: Kontrollieren und spüren Sie Ihre Körperschwerpunktlage. Stellen Sie sich vor einen Spiegel (ein Schaufenster). Hüpfen Sie leicht auf und ab. Halten Sie Ihren Kopf aufrecht, indem Sie dem Spiegelbild in die Augen schauen. Umfassen Sie Ihre Hüfte (Beckenkämme) mit Zeigefinger und Daumen beider Hände, und halten Sie damit die Hüfte in einer über den Rollen gedachten senkrechten Linie. Drehen Sie sich um 90° und schauen Sie

beim Hüpfen Ihr Spiegelbild seitlich an. Steht die Hüfte gut mittig?

Problem: Sie haben „Timing"-Probleme? Geben Sie bei Unebenheiten nicht zum richtigen Zeitpunkt in den Knien nach?
Lösungstip: Üben Sie vorausschauendes Einschätzen. Fahren Sie über Teppichfliesen mit einer Sichtblende unter der Nase (vgl. S. 55). Ihr Distanz- und Zeitempfinden wird sich verbessern.

Kleine Kunststücke

Die Frage „Welche Tricks und Kunststücke gibt es denn beim Inline-Skaten?" ist einfach zu beantworten: Unendlich viele, die Skater im Herumspielen in Tausenden, manchmal verrückten Versuchen herausgefunden haben. Experimentieren auch Sie! Lassen Sie Ihre Kreativität spielen und finden Sie heraus, was die Skates hergeben. Viele Bewegungen und Tricks, die Sie aus anderen Sportarten kennen, lassen sich auf Skates übertragen. Tanz, Ballspiele, Skifahren — alles kann Sie zu neuen Erfindungen beim Spiel mit den acht Rollen anregen. Michael Jacksons Moon-walk im Rückwärtsrollen sieht frappierend echt

Wie beim Trickski-Sprung „Duffy": vorn Fußspitze (Skispitze), hinten Ferse (Skiende) hoch

Front Roll: auf den Spitzen durch die Gegend skaten

aus. Walzertakt auf acht Rollen bringt Sie in Schwung. Springen wie die Turner — das ist spannend. Nichts fördert Ihr Bewegungsrepertoire und die Geschicklichkeit mehr als Skaten mit Phantasie. Oft kann Ihnen Musik helfen, neue Bewegungen zu formen und über Ihren bisherigen Bewegungsschatz hinauszuwachsen.

In extremer „Charly-Chaplin"-Position Halbmonde fahren

Inline-

Sie werden alle Fahrtechniken optimieren, wenn Sie diese möglichst anwendungsorientiert trainieren. Dafür bieten Spiele mit anderen, wie Verfolgungsjagden, Kriegenspielen, Frisbee auf Skates usw., optimale Möglichkeiten. Noch wirkungsvoller und interessanter sind Ballspiele. Hier liegt eine Fülle von Trainingsreizen, da Ball, Partner, Spielraum bewältigt werden müssen. Wird das Ballspiel zum Sportspiel mit zwei Teams, so kommt die Auseinandersetzung mit Gegenspielern dazu. Sportspiel und Skaten in einem — das fordert zweifach und trainiert Sie damit doppelt.
Zwei Inline-Skating-Sportspiele mit sicherlich großer Zukunft sind Basketball und Hockey auf den schnellen Rollen.

Basketball

Es gibt unendlich viele Anregungen in der Basketball-Literatur. Ein Meer an Dribbel-, Wurf-, Paß-, Fang/Wurf-Tricks, die Sie alle mit Gewinn auf die acht Rollen bringen können. Es gibt allerdings ein paar Besonderheiten, die Sie zu speziellen Übungen und Regeln motivieren sollten.

Auf acht Rollen ist manches anders.

Thema Sprünge:

✗ Aufgrund der geringeren Standfläche sollten Sie beim Inline-Skating auf Sprünge verzichten. Da beim Basketball — besonders in der Nähe des Korbes — viele Spieler auf einem engen Raum agieren, sind bei Sprüngen Landungen auf fremden Füßen häufig. Skate-auf-Skate ist in puncto Gelenkumknicken besonders gefährlich.

No jumps — no dunks!

Doppelte Wirkung: Tricks fürs Basketballspiel üben und geschicktes Skaten lernen

Inline-Basketball: das Basis-Sportspiel auf Skates

Spiel-formen

Thema Crashs:

✗ Die Schnelligkeit des Basketballspiels vervielfacht sich durch die Skates. Deshalb ist der Charakter als körperloses Spiel unbedingt einzuhalten. Angriffe auf den Körper, Stoßen, Schubsen etc. wirken aus zwei Gründen besonders zerstörerisch: Sie kommen zum einen mit hoher Geschwindigkeit auf Ihren Gegner zu, zum anderen wirken sich (Zusammen-)Stöße durch die Rollen sehr viel stärker aus als auf Schuhen. Also: **No contact!**

Thema Dribbeln:

✗ Es gilt, Alleingänge mit „unter den Arm geklemmtem" Ball zu verhindern. Vereinbaren Sie, daß alle 2 bis 3 m der Ball mindestens einmal geprellt werden muß, um der Abwehr eine Chance zu geben. Also: **No Ego-Trips!**

Thema Dribbeltechnik:

✗ Da Sie mit höherem Durchschnittstempo, als sonst gewohnt, voranstürmen, hat der Ball einen hohen Vorwärtsimpuls und dreht sich nach dem Aufprellen sehr stark. Schlucken Sie diese Drehung mit vorausgeneigter, besonders wacher und weicher Hand.
Dribbeln Sie sich zunächst bei geringem Tempo mit zwei Bällen fit. Sie können dann bei höherem Tempo geschickter mit der Hand agieren.
Üben Sie mit Sichtblende, Sie macht die Hand zum einen gefühlvoller und

Sichtblende: Vorausschauen und blindes Ballverständnis

Doppeldribbel: Trainingsreiz mit acht Rollen und zwei Bällen

zwingt Sie darüber hinaus, weit vorauszuschauen und zu handeln. Dieses Vorwegnehmen ist beim Spiel wichtig. Noch wichtiger: Das Spiel trainiert Sie so für das Vorausschauen im Straßenverkehr — dem immer noch anspruchvollsten „Spiel" auf Skates. Also: **No sleeping!** Inline-Skating-Basketball ist nach unseren Erfahrungen das beste Einstiegs-Sportspiel auf Skates. Also: **Let's play Basketball!**

Hockey

Inline-Skating-Hockey ist die Fortsetzung von Feld- und Hallenhockey, Uni-Hockey und/oder Rollhockey auf den klassischen Rollschuhen und/oder die ideale Sommervariante von Eishockey. Aber auch für Nicht-Hockey-Vorinfizierte ist Inline-Hokkey schnell faszinierend.

- ✗ Zuerst wirkt der Umgang mit Schläger und Ball eher erschwerend. Der Schläger erweist sich jedoch ganz schnell als zusätzlicher Halt.
- ✗ Beim Inline-Hockey passiert auf engem Raum extrem viel, besonders wenn Sie mit Bande spielen, durch die der Ball immer im Spiel bleibt. Dies erklärt auch die Empfehlung als optimales Ergänzungstrainingsspiel für alle Sportspielarten.

Die wichtigsten Vorsichtsregeln:

1. Inline-Hockey ist ein besonders komplexes Spiel. Gestalten Sie das **Warm-up** deshalb **spielerisch**. Falls Sie mit flachen Hallenhockey-Banden bzw. mit Balken als Banden spielen, bauen Sie diese ins Aufwärmprogramm als Hindernis (übersteigen, -springen, davor abbremsen usw.) ein. Sonst wirken

Eine situative Sportart par excellence: Inline-Hockey ist Spielreiz mit Partnern, Gegnern, Schläger, Ball und Bande

diese Banden unnötig stark als Gefahrenquellen.

2. Natürlich können Sie so hart spielen, wie Sie wollen ... Aber Ihre **Ausrüstung** muß dem angemessen sein. Eishockeyähnliches Vollkontakt-Inline-Hockey verlangt optimale Schutzkleidung (Voll-Helm, dick gepolsterte Hose etc.). Freizeit-Inline-Hockey können Sie mit Ihrer normalen Ausrüstung incl. Helm spielen, **wenn Sie per Absprache auf Körperkontakt verzichten. No Body Checking!**
   Wenn Sie häufiger Hockey spielen, sollten Sie sich Eishockey-/Inline-Hockey-Handschuhe anschaffen.

3. **Umgang mit Schläger und Puck:** Nehmen Sie einen Ihrer Größe angemessenen Schläger. Wenn Sie auf Skates stehen, sollte er, senkrecht gestellt, ungefähr bis zu Ihrer Kinnhöhe reichen.
   Ziehen Sie Inline-(Street-)Hockey-Bälle den schweren Pucks vor. Bälle sind ungefährlicher.
   Halten Sie die Bälle flach. Keine hohen Pässe oder hoch geschlenzten Torschüsse. Wenn Sie darauf nicht verzichten wollen, sollten Sie Mundschutz oder gar Gesichtsschutz tragen.
   Heben Sie den Schläger nie über Hüfthöhe, und lassen Sie ihn bei (Dreh-) Stürzen los: Es kann sonst leicht passieren, daß Sie umstehende Spieler „erschlagen".
   Verzichten Sie auf Stockgefechte. Schlagen, Halten oder Heben des Gegenspieler-Schlägers sollte per Regel ausgeschlossen werden.
   Auf Fortgeschrittenenniveau, könnten Sie **Heben** (= leichtes Schlagen unter den Schläger des ballführenden Spielers) wieder zulassen. Es eröffnet der Verteidigung bessere Chancen.

4. Verzichten Sie im Anfängerstadium auf **Tore** aus Stahlrohren. Sie stellen nur ein zusätzliches Hindernis und eine Unfallquelle dar. Außerdem verleiten sie zum hohen Schuß. Basteln Sie besser ein kleines Tor wie früher auf dem Bolzplatz: Zwei Schuhe reichen!

Kunsteisflächen im Sommer sind rar. Na und — wozu gibt es Inline-Skates?

Street & Half-

Unter der Bezeichnung **Aggressive-Skaten** werden die Skate-Disziplinen **Halfpipe** oder **Vert** und **Street** oder **Stunt** zusammengefaßt.
Diese Form des Skatens zeichnet sich durch spektakuläre Sprünge und Figuren in der Halfpipe oder an bestimmten Hindernissen in der Betonwelt der Straßen aus. Das Aggressive-Skaten findet die größte Medienresonanz, bedingt durch die Attraktivität und Kreativität der Aktionen. Die Sprünge werden höher (Hochsprungrekord über eine Rampe: 3,25 Meter, aufgestellt von Marc Warzecha 1996), die Figuren ausgefallener und die Ausführung immer präziser. Wir wollen einen kleinen Ausblick geben, wie man die ersten Sprünge meistert, das Geländer nicht nur als Handstütze nutzt und den Einstieg in die Pipe wagen kann.
Voraussetzung für die ersten Stunts ist eine sehr sichere Beherrschung der Skates. Die ersten Versuche kann man auch mit den Recreational-Skates machen, man muß aber unbedingt die Bremse abbauen.

Street

Zum Street-Skaten gehört vor allem das **seitliche Rutschen (Grinden)** über Handläufe aus Metall oder über Betonkanten (Curbs). Materialvoraussetzung fürs Grinden sind Stunt-Skates mit einer guten Einkerbung (Groove) in der Schiene zwischen der zweiten und dritten Rolle. Damit einem aber nicht die Schiene auseinanderfliegt, werden die sogenannten Grind-Plates montiert, Verstärkungen aus Metall oder Plastik. Wer über Beton rutscht, benötigt Kunststoff-Plates, wer über Metallrohre gleitet, zum Beispiel an Handläufen oder der Coping der Halfpipe, braucht Metall-Plates.

Soul-Grind. Bei diesem Basis-Grind wird der hintere Fuß parallel und der vordere quer zum Rail oder Curb aufgesetzt. Das Gewicht ist auf beide Füße verteilt, die Beine sind recht weit auseinander am Anfang.

Shifty: Hierbei setzen die Skates quer zur Fahrtrichtung auf, der hintere mit der äußeren Kante, der vordere mit der inneren Kante. Dieser Trick läßt sich auch als One-Foot zeigen (eine Hand greift den angehoben Skate).

Die Stadt — ein einziges Stunt-Skater-Paradies

Ein tiefer Groove (Einkerbung) sorgt für guten Halt beim Grinden

pipe – Tips und Tricks

Tip: Bei allen One-Foot grundsätzlich darauf achten, daß der Fuß zur Hand geht und nicht die Hand zum Skate.

Unity: Bei dieser Figur werden die Füße über Kreuz quer zur Fahrt- bzw. Rutschrichtung aufgesetzt. Dieser Grind sieht aus wie ein zu hoher Schneidersitz.

Bevor man sich jedoch an die Rails und Curbs wagt, sollte man lieber versuchen, seine Sicherheit auf den Skates mit kleinen Sprüngen zu verbessern.

Bei allen Sprüngen gilt: Die Landung muß durch ein betontes Tiefgehen in den Knien abgefangen werden.

„Tödlich" für die Gesundheit und die Standsicherheit sind steife Knie- und Fußgelenke.

Versuchen Sie **am Anfang ganz einfache Sprünge**, z.B. um 180 Grad oder über ein kleines, weiches Hindernis (Tasche). Wenn das funktioniert und das Gefühl für eine weiche Landung besser wird, kann man sich andere Aufgaben vornehmen.

Rotationsprüngen: Sie heißen 360°, 540° oder 720° und werden immer durch eine Kopfdrehung/-steuerung eingeleitet. Das heißt, der Kopf schaut in die Richtung, in die die Drehung erfolgt. Um die nötige

Soul-Slide: Der hintere Fuß ist mit der Längsseite aufgesetzt, der vordere Fuß steht quer

Shifty: Man beachte die Fingerposition

Rotation zu erreichen, werden die Arme zur Unterstützung bereits in der Einleitungsphase schwungvoll mit eingesetzt. Bei der Drehung dann die Arme eng an den Körper führen.

Halfpipe

Die Halfpipe ist ein eigenes Kapitel beim Skaten. Für die einen der einzige Grund, um sich überhaupt Skates anzuziehen, für andere Grund genug, die Skates auszuziehen, wenn man sie zwingen wollte, darin zu fahren.
Die ersten Schritte in der Pipe bestehen jedoch nicht darin, sich todesmutig von der Coping in den Vert (den vertikalen Teil) zu stürzen. Dieser sogenannte Drop-in würde hundertprozentig mit einem bösen Sturz enden.

Zum Pushen mit einer leicht versetzten Schrittstellung hin- und herfahren, die Knie sind gebeugt

Die Basis fürs Pipe-Fahren ist das **Pushen**. Darunter versteht man das Schwungholen durch eine richtig getimete Streckbewegung in den Rundungen (Transitions) der Pipe. Das ähnelt vom Prinzip her dem früher praktizierten Schwungholen auf der Schaukel.
Das Pushen erfolgt durch einen Knieschub, unterstützt durch ein Vor- oder Zurückbewegen der Arme, bevor man in die Transition einfährt. Wer unökonomisch beim Pushen arbeitet, wird nie den oberen Rand der Pipe erreichen — eine natürliche Auslese unter den Skatern.
Zuallererst muß man aber sicher vorwärts und rückwärts in der Pipe hin- und herfahren können. Dabei sollten die Füße in einer leichten Schrittstellung (rechter Fuß vorn, linker hinten oder umgekehrt) stehen.
Beim **Rückwärtsfahren** über die Schulter in Fahrtrichtung schauen. **Drehen an der Vert.** Dazu werden die Füße leicht angezogen (nicht den Körper wegstrecken), und zwar genau im Totpunkt, also wo der ganze Schwung verbraucht und man im Begriff ist, wieder rückwärts runterzufahren.
Wer mit dem rechten Fuß vorn fährt, sollte nach links drehen, wer den linken vorn hat, nach rechts.
Beim Rückwärtsfahren verhält es sich genau andersherum.
Erst wenn diese Basics in der Halfpipe

Bildreihe:
Rotationssprung:
Beim 360° tief anfahren und mit den Armen Schwung holen, der Kopf nimmt die Drehbewegung vorweg. Die Arme eng an den Körper legen, Beine anziehen und die Landung durch extremes Tiefgehen in den Knien abfedern.

Die spektakulären Sprünge in der Halfpipe werden von fünf bis sieben Judges bewertet

völlig automatisiert sind, sollte man sich an leichte Sprünge machen.
Aber davor steht noch **das sichere Stürzen in der Pipe**. Sämtliche Stürze werden mit den Knien abgefangen. Also immer wieder auf die Knie fallen, um ein Gefühl dafür zu bekommen.

Tip: Bei allen Versuchen immer mit einer satten Vorlage in die Pipe einfahren, damit man im Falle eines Falles den Sturz nach vorn abfedern kann.

Den Sprüngen und Tricks in der Pipe sind keine Grenzen gesetzt — außer dem Ideenreichtum der Skater.

Die Wett

Kein Sport ohne Wettkämpfe, Meisterschaften, Pokale und Medaillen. So ist es auch bei den Skatern. Selbst wenn der Sport in Deutschland und Europa noch sehr jung ist, so haben sich schon einige Wettkampfformen etabliert.
Auf nationaler Ebene ist es hauptsächlich der Deutsche Inline-Skating Verband (D.I.V.), der sich um die Wettkampfbelange kümmert, Regeln, Bewertungssysteme und Austragungsformen festlegt (Ausnahme: Inline-Hockey).

Speed-Skating

Das Speed-Skaten ist seit langer Zeit eine Domäne des Deutschen Rollsport-Bundes (DRB), inzwischen organisieren DRB und D.I.V. gemeinsam Wettrennen. (Im DRB sind die Rollschuhläufer und -vereine organisiert, die auf den traditionellen Rollerskates [Quades] unterwegs sind.)
Die Wettkampfdisziplinen sind denen der Eisschnellläufer ähnlich: Geschwindigkeitsläufe im Oval, wobei jedoch bis zu 50 Teilnehmer gleichzeitig starten. Nachdem bei der 1992er Weltmeisterschaft bereits einige Strecken für Roller-Skater und Inline-Skater „offen" waren, öffneten 1995 auch Länder wie Belgien, Schweiz und Deutschland sämtliche Strecken für Inliner. Der Versuch, wie im Skilanglauf, die „klassische Technik", hier nun das klassische Gerät, durch getrennte Rennen zu erhalten, scheiterte.

Selbst über die Marathondistanz erreichen Speed-Skater Geschwindigkeiten bis zu 40 km/h

kampf-formen

Offizielle Wettkampfstrecken: (Angaben in Metern): 100, 200, 300, 400, 500, 1000, 1500, 2 000, 3 000, 5 000, 10 000, 15 000, 20 000, 30 000, 50 000, Halbmarathon, Marathon. Die Wettkämpfe werden in der Regel auf 200-Meter-Bahnen oder auf Straßenkursen ausgetragen. Die gängigsten Distanzen werden in vier Gruppen unterteilt:

Sprint: 300 m Zeitfahren. Bei dieser Sprintstrecke startet jeder Teilnehmer einzeln und läuft nur gegen die Uhr. Der Läufer mit der schnellsten Zeit gewinnt. Auch wenn die spektakulären Überholmanöver oder taktische Elemente entfallen, ist gerade der Kampf um die Sekunden eine spannende Wettkampfangelegenheit. (Die Weltrekordzeit lag 1996 bei 24,547 Sekunden, aufgestellt von Tony Muse/USA. Das entspricht einer Durchschnittsgeschwindigkeit von 44 km/h).

Kurzstrecken: 500 m, 1000 m und 1500 m. Kleine Gruppen von vier bis 15 Fahrern starten gemeinsam über den Rundkurs. Die schnellsten Läufer qualifizieren sich für die nächste Runde, bis schließlich im Finale der Sieger ermittelt wird. Große Bedeutung hat der Start, da bei dieser kurzen Distanz die Ausdauerkomponente fast keine Rolle spielt.

Mittelstrecken: 3 000 m, 5 000 m. Bei diesen Distanzen gehen alle Skater gleichzeitig auf die Strecke (bis zu 50 Starter). Bei einem „flachen Rennen" (en ligne) entscheidet der Einlauf über die Plazierungen. Die 5000-m-Distanz kann auch als Punkterennen ausgetragen werden.

Langstrecken: 5 km, 10 km, 21 km und 42 km (Marathon). Bei diesen Distanzen entscheiden taktisches Verhalten, Ausdauerleistung und Spurtstärke.

Die **Speed-Disziplinen** unterscheiden sich

Übrigens:

1992 bei den Speed-Skating-Weltmeisterschaften in Rom wurden drei Strecken erstmals „offen" ausgeschrieben, waren also für Rollerskates und Inline-Skater zugänglich. Alle „Teststrecken" wurden deutlich von Inline-Skatern dominiert, was die Überlegenheit des Gerätes demonstrierte. Bis 1994 versuchte der DRB, das Roller-Skaten auf nationaler Ebene als Sportart zu erhalten. 1993 wurden bei der WM bereits die Hälfte der Strecken offen ausgeschrieben, ein Jahr später waren es alle Distanzen.

nicht nur in den Streckenlängen sondern auch den Formen der Durchführungen und Bewertungen:

Zeitfahren: Jeder Wettkämpfer geht einzeln auf die Strecke, und lediglich die Zeit zählt, z.B. beim 300-m-Sprint.

Ausscheidungsrennen: Die Rennen über 10 km (Frauen) und 20 km (Männer) werden häufig als Ausscheidungsrennen ausgetragen. Alle Fahrer starten gemeinsam, in bestimmten Runden scheidet jedoch der jeweils letzte Läufer aus. Diese Form führt immer wieder zu spannenden Zwischenspurts und Positionskämpfen am Ende des Feldes.

Punkterennen: Bei diesen Rennen (5 km Frauen; 10 km Männer) werden in bestimmten, vorher festgelegten Runden (jede zweite oder dritte) entsprechend der erreichten Plazierung Punkte vergeben. Die Bewertung der einzelnen Wertungsrunden schwankt zwischen 1 und 5 Punkten, beim abschließenden Zieleinlauf können sogar bis zu zehn Punkte vergeben werden. Diese Form ist vergleichbar mit dem Wertungsmodus bei einem Sechstagerennen der Radsportler.

Mannschaftszeitfahren: Dreierteams starten gleichzeitig über eine der Mitteldistanzen. Gestoppt wird die Zeit des zweiten Läufers. Wichtig ist ein jeweils perfekter Führungswechsel an der Spitze, um optimales Windschattenfahren zu ermöglichen.

Verfolgungsrennen: Zwei Teams, die beim Start eine halbe Runde auseinanderliegen, versuchen eine bestimmte Distanz schneller als die Konkurrenten zu laufen oder das andere Team sogar einzuholen. Sieger ist, wer die Distanz als erster zurückgelegt hat oder das andere Team eingeholt hat.

Staffel: Bei den Staffelläufen über 5 oder 10 km wird meist nach jeder Runde gewechselt. Die Teams bestehen aus zwei bis drei Läufern, die permanent wechseln.

Speed-Skating-Events

Ranghöchster Wettkampf sind die **World-Games der nichtolympischen Sportarten**, die alle vier Jahre stattfinden. Die **Weltmeisterschaften** haben einen jährlichen Turnus. Die Wettkämpfe werden auf der Bahn (symmetrisches Oval) und auf einem Straßenkurs ausgetragen. Die **Europameisterschaften** finden im gleichen zeitlichen Rhythmus und mit unterschiedlichen Wettkampfformen statt. Zusätzlich werden jährlich zwei oder drei **Europa- und Mittelmeercup-Veranstaltungen** für Ländermannschaften ausgetragen.

Literatur-Tip

... für diejenigen, die Inline-Hockey auch selber spielen wollen:
Nagel, V./Wulkop, M., Techniktraining im Hockey. Ahrensburg, 1992.
ISBN 3-88020-299-x.

Die **Deutschen Meisterschaften** finden ebenfalls jährlich statt und fungieren auch als Qualifikation für die EM und WM.

Inline-Hockey

Auslöser des Inline-Booms waren die Eishockeyspieler. Auf Eigeninitiative beruhende Inline-Hockey-Spiele gibt es bereits seit Anfang der 80er Jahre. In den **USA** existiert seit 1993 ein professioneller Ligabetrieb. Die „Roller-Hockey-International" (RHI) veranstaltet eine Inline-Hockey-Meisterschaft, die sich an der NHL, der Nordamerikanischen Eishockeyliga, orientiert. Fast 10 000 Zuschauer pro Spiel verfolgen die Aufeinandertreffen der Top-Teams, über 1,1 Millionen Zuschauer besuchten die Spiele der RHI in der Saison 1996. Insgesamt spielen 1,5 Millionen Menschen in den USA aktiv Hockey auf acht Rädern. Der Hockeysparte wird in **Deutschland** der größte Zuwachs im gesamten Inline-Markt zugetraut. Rund 800 000 Skater greifen hierzulande gelegentlich zu Schläger und Ball. In diesem Bereich wird sich in den nächsten Jahren noch vieles

Sommerversion vom Eishockey — direkt am Strand

weiterentwickeln und professionellere Züge annehmen. Bislang bestehen nur wenige Ligabetriebe, die bundesweit aktiv sind.

Die **Deutsche Inline-Hockey Liga** (DIHL), eine Abteilung des Deutschen Eishockey Bundes (DEB), organisiert nach dem Vorbild der RHI einen semiprofessionellen Spielbetrieb. Die DIHL besteht aus einer Nord- und einer Südgruppe. Die Sieger der Gruppen Nord und Süd kämpfen in einem Finale um die Deutsche Meisterschaft.
Zudem ist die DIHL bestrebt, eine Nationalmannschaft für Länderspiele und internationale Turniere aufzustellen.
Während sich die DIHL in erster Linie an professionelle Eishockeyspieler aus der ersten oder zweiten Liga wendet, sind die **Inline-Ligen der DEB-Landesverbände** für Hobbyspieler jeder Spielstärke gedacht.

Der **D.I.V.** startet 1998 mit einem eigenen bundesweiten **Amateur-Ligabetrieb** in allen 16 Bundesländern. Aufgeteilt in Landes- und Regionalligen und gestaffelt nach fünf Altersklassen, kämpfen die Mannschaften um die Führung in den einzelnen Gruppen. Die Gruppenbesten ermitteln am Ende der Saison ihren Landesmeister. Die Landesmeister wiederum spielen in einem Turnier die offizielle Deutsche Meisterschaft der Amateure aus.
In diesem Jahr organisiert der D.I.V. weitere Turnierserien mit den großen Inline-Skate-Firmen zusammen, um den Hockeyboom weiter anzuheizen.
Wesentlicher Unterschied der „D.I.V.-Amateure" zur DIHL ist, daß beim D.I.V. „körperloses" Hockey gespielt wird, also kein harter Körpereinsatz wie beim Eishockey erlaubt ist.

Neben den beiden Verbänden hat aber auch der **Deutsche Rollsport-Bund (DRB)** bereits seit 1987 eine eigene Fachsparte Skaterhockey. Rund 2600 Aktive in 60 Vereinen spielen in den insgesamt sieben Ligen. Dabei spielt ein Großteil der „alten Hasen" noch auf den traditionellen Quades, während die neuen Mannschaften und der Nachwuchs bereits zu 90 Prozent auf den Inline-Skates stehen.

Die drei Verbände und ihre Regeln im Vergleich

	DIHL	**D.I.V.**	**DRB**
Teams:	4 + 1 (Spieler+Goalie)	4 + 1	4 + 1
Spielzeit:	4 x 12 min (eff.)	2 x 10 min bis 2 x 22 min	3 x 20 min
Spielfläche:	Euro/US Eishockeyfelder	45 x 25 m (min: 35 x 25)	3-Feld-Sporthalle
Spielgerät:	Jofa-ISD-Puck	ISD Pro Shot Puck oder Ball	ISHF-Ball
Regeln:	IIHF-Inline-Regeln	D.I.V.-Reglement	ISHF-Regeln
Spezial:	Checken erlaubt Rote und Mittellinien Abseits	Körperlos, kein Abseits	Begrenzter Körpereinsatz, kein Abseits, Freistoß mit Mauer

1996 fand bereits die erste Inline-Hockey-Weltmeisterschaft in Minnesota USA statt, ausgerichtet von der International Ice-Hockey Federation (IIHF). Insgesamt nahmen elf Teams teil, die USA gewannen das Endspiel gegen Kanada mit 13:5.

Aggressive-Events

Die Aggressive-Events sind die spektakulärsten Wettbewerbe. Auch für diesen Bereich veranstaltet der D.I.V. auf nationaler Ebene eine eigene Contest-Serie mit den Deutschen Meisterschaften als Höhepunkt und Abschluß. Durchgeführt werden zwei Disziplinen: Halfpipe/Vert und Street. Speziell die **Halfpipe** genießt in der Medienberichterstattung ein hohes Interesse. Hohe, artistische Sprünge (Airs) aus der Pipe heraus, verschiedenste Figuren an der Coping machen den Wettkampf für die Zuschauer interessant und kurzweilig.
Die Teilnehmer der Wettkämpfe starten in vier Altersgruppen, getrennt nach Männern und Frauen (bzw. Jungen und Mädchen).
Für die Halfpipe gibt es eine vom D.I.V. empfohlene Größe, beim Street-Parcours sollten mindestens zwei Quarter-Pipes, eine Funbox, eine Deathbox mit Landungsrampe sowie Rails und Jump-Ramps stehen. Der Parcours kann durch weitere Hindernisse wie alte Autos erweitert werden.

Spiel mit dem Feuer

Für die Disziplin **Street** gilt: Bei einer großen Teilnehmerzahl muß jeder Fahrer einen Elimination-Run von 45 bis 90 Sekunden absolvieren. Die jeweils 20 besten pro Altersgruppe (Junioren bis 16 Jahre, Erwachsene ab 17 Jahre) qualifizieren sich für das Finale. Hier hat jeder wiederum zwei Läufe, Mindestzeit 45 Sekunden. Bei der Disziplin **Vert** dauern die Durchgänge zwischen 45 und 60 Sekunden.
Fünf bis sieben Judges (Schiedsrichter) vergeben für die gezeigten Aktionen Punkte, ähnlich wie beim Snowboarden.

Kontaktadressen:

Deutscher Eishockey Bund e.V., Betzenweg 34, 81247 München
Tel: 089/818256 Fax: 089/818284

D.I.V. Inline-Hockey Geschäftsstelle, Magdalenenstr. 53, 20148 Hamburg,
Tel: 040/440203 Fax: 040/442323

DRB Fachsparte Skaterhockey, Schmiedhofsweg 1, 50769 Köln
Tel: 0221/9701817 Fax: 0221/9701818

Bewertet werden:

Street	Vert
- Grinds	- Liptricks
- Spins	- Spins
- Airs und Flips	- Airs
- Kreativität	- Flips
- Sicherheit	- Sicherheit

Jeder Judge kann pro Kriterium maximal 20 Punkte vergeben, insgesamt also 100 Punkte. Das niedrigste und höchste Ergebnis wird jeweils gestrichen, es können also maximal 300 Punkte erzielt werden.

Ein neuer Wettbewerb ist der **Skates-X** (gesprochen: cross) in den Disziplinen Aggressive Skate-X und Flat Skate-X.
Beim **Aggressive Skate-X** muß ein Hindernisparcours in der vorgeschriebenen Richtung so schnell wie möglich durchfahren werden. Die Strecke muß mindestens drei Jump-Ramps, eine Funbox und ein weiteres Hindernis haben. Die Mindestlänge beträgt 180 m. In den Qualifikationsläufen wird lediglich die Zeit gewertet, das Finale hingegen im K.o-System gefahren. Vier Skater starten gegeneinander, die zwei schnellsten kommen eine Runde weiter.
Beim **Flat Skate-X** sind die Hindernisse weniger spektakulär: Slalomstangen, Verkehrshütchen, Wippen, Jump-Ramps und ähnliche Gegenstände gilt es zu um- oder überfahren.

Hoher Air zwischen tiefen Palmenblättern

Cross

Was ist Crosstraining?

Crosstraining meint schlicht, auf Entdeckungsreise durch unterschiedliche Sportarten zu kreuzen. Sie werden dabei überraschende Anregungen und Trainingseffekte entdecken — wie der Skikönig Ingmar Stenmark beim Seiltanzen und Einradfahren oder der Tenniscrack Ivan Lendl, der seine Beinarbeit beim Aerobic- oder Rollschuhtraining verbesserte.
Crosstraining ist vielseitiges Training und überwindet die Negativeffekte eintöniger Belastungen. So loben zum Beispiel viele Ausdauerbegeisterte ihre Entdeckung des Triathlontrainings als eine Überwindung ihrer früheren Sportart-Monokultur.
Crosstraining als ein die Hauptsportart ergänzendes Training kann Positiveffekte liefern, indem in wesentlichen Punkten, wie Kondition (Kraft, Ausdauer, Schnelligkeit, Beweglichkeit) und Koordination (Geschicklichkeit, Gewandtheit), Psyche, Technik oder Taktik, unterstützende Wirkungen erzielt werden.
Je mehr Sie über die Verwandtschaften zwischen Sportarten wissen, desto gezielter können Sie Ihr Training gestalten, denn Crosstraining mit Spaß und System zählt doppelt.

Inline-Skating als Crosstraining

Eine ganze Reihe besonderer Vorzüge machen Inline-Skating zu dem Crosstraining der Zukunft. Kaum eine Sportart vereint derartig viele Basis- und Ergänzungstrainingswirkungen in sich.

Motivationsschub: Trainingseffektivität lebt auch von Spaß. Inline-Skating liefert in dieser Hinsicht alles: Es ist relativ leicht zu erlernen, und es ist eine Sportart, bei der sich schnell ein sehr positives Bewegungserlebnis genießen läßt. Sie müssen schon sehr lange Jogging trainieren, um sich beim Laufen wohltuend leicht und locker zu fühlen. Dieses Erlebnis haben Skater schon nach wenigen Stunden. Die Rollbewegung nimmt die körperliche Schwere, das Tempo des Dahinsausens vermittelt Ihnen im Training die Leichtigkeit des Seins. Und schließlich kommt noch die Lust an den weichen, geschmeidigen Kurven und Bögen hinzu, die das Bewegungsgefühl kitzeln und aus Inline-Skating eine rundum runde Sache machen.

Sportler auf Abwegen:
Windsurfweltmeisterin Andrea Hoeppner
vom Skates-Virus verfolgt

Ganzheitliches Training: Wo finden Sie schon ein derartiges Kombiangebot? Gesellt sich doch zum Motivationsplus eine besonders ganzheitliche Trainingsweise, wie sie die moderne Trainingslehre zunehmend fordert. Seele wie Körper und Wahrnehmung wie Bewegung werden angesprochen. Inline-Skating verbindet konditionelles Training mit koordinativem: Vor allem: Kraft und Ausdauer werden zugleich mit Geschicklichkeit und Gewandtheit gefördert — auch ein Plus an Trainingszeit-Ökonomie. Besonders Bewegungsgefühl sowie das bei vielen Menschen defizitäre Gleichgewichtsgefühl werden mit gestärkt. Diese Ganzheitlichkeit kann durch den Einsatz von Rollskistöcken (Skilanglaufstöcke mit besonders gehärteten Spitzen) gesteigert werden (vgl. S. 78). Inline-Skating wird so verstärkt zum Ganzkörpertraining.

Harmonisierende Wirkung: Sie verbessern beim Skaten mit Ihrer äußeren Balance auch die innere Ausgeglichenheit — „sich bewegt ins Lot bringen!". Hier kommen Zusammenhänge ins Spiel, von denen zum Beispiel Sport-Bewegungstherapeuten bei ihrer Höherbewertung des Skilanglaufs gegenüber dem Jogging berichten. Die Trainingseffekte des Ausdauertrainings werden durch ein gratis mitgeliefertes Balancetraining gesteigert. Viele Kids kennen

Literatur-Tip

... für Inline-Basketball-Freaks:
G. Hagedorn/D. Niedlich/G. Schmidt: **Das Basketball-Handbuch.** Reinbek, 1996.
ISBN 3-499-19427-9.

das schon lange. Das Skater-Spiel mit dem Gleichgewicht macht „cool".

Körperspannung: Für Ausgeglichenheit und innerlich-äußerliche Balance spricht auch die konzentrierte Körperspannung, die das Inline-Skating wie von selbst fördert. So wie Hochleistungssportler neuerdings Tai-Chi-Übungen oder klassisches Balletttraining heranziehen, um ihr Körpergefühl und die Körperkontrolle zu verbessern, so können Sie von der Spannung profitieren, die Sie bei jedem Schritt über dem rollenden Skate aufbauen müssen. Eine „Körper-spannende" Sache!

Gleichgewicht und Rhythmusgefühl: Wollen Sie die sehr wertvollen Cross-Trainingseffekte des Tanzens mit denen des Skatens in Kombination bringen, so „crossen" Sie doch Inline-Skating mit Rhythmus. Allerdings bitte auf keinen Fall mit Walkman im Straßenverkehr! Aber wo immer Sie das Skaten mit Musik mixen können, wird Ihr Training geradezu ideal. Also: Music on ... and Rock´n Roll!

Ergänzungstraining auf Skates für situative Sportarten

Inline-Skating ist eine typische situative Sportart. Als solche definiert die Sportwissenschaft: Kampfsportarten (Karate, Judo, ...), Natursportarten (Segeln, Surfen, ...) und die Sportspiele (Tennis, Fußball, ...). Sie sind gekennzeichnet von ständig wechselnden, immer wieder aufs neue überraschenden Situationen — wie auch der Überlebenskampf im alltäglichen Straßen-Verkehrsgewühl. Täuschungen des Gegenspielers, Unvorhersehbarkeiten der Naturelemente, die Tücke eines verspringenden Balles ... oder, viel dramatischer: böse Überraschungen wie ein sein Ampelrot übersehender Verkehrsteilnehmer an der Kreuzung — solche Szenen werden Sie um so erfolgreicher meistern, je besser Sie die Lage sensibel wahrnehmen und Ihre Sinne trainiert sind.
Forschungen über menschliche Wahrnehmungsfähigkeiten betonen übereinstimmend die zentrale Bedeutung unserer inneren Sinne für unsere gesamte Wahr-

Inline-Fußball trainiert spielerisch das Kantengefühl

Situativ trainieren: Spiel mit anderen im Formationsfahren

nehmungsleistung. Inline-Skating fördert unseren Bewegungssinn und Gleichgewichtssinn, indem es ständig gefühlvollen Krafteinsatz unter permanenten Gleichgewichtsanforderungen verlangt.

- ✗ Trainieren Sie mit vielen Außenreizen. Setzen Sie Akzente durch Bälle, Partner und abwechslungsreiche Umgebung. So trainieren Sie nicht nur Sinne und die Bereitschaftshaltung (s. S. 38), sondern können Ihr Reaktionsvermögen auch über eine Verbesserung der Beinarbeit erhöhen.
- ✗ Spielen Sie Fußball auf Skates.
- ✗ Trainieren Sie mit Kurven und Bögen in allen möglichen Variationen.

Fußballspielen auf Skates — Worauf es uns dabei ankommt?
Provozieren Sie so den schnellen Wechsel von Stand- und Spielbein, blitzschnelles Umsteigen von einem Bein auf das andere, zum Beispiel beim „Auswackeln" des Gegners in Ballspiel-Zweikämpfen.

In Kurven und Bögen schwelgen — **Erstens macht's Spaß. Und zweitens: Ihre Hüftbeweglichkeit und Rumpfgewandtheit werden zunehmen: Vom Slalom zum eleganten Durch-die-Abwehr-Schlängeln. Inline-Skating-Training macht Sie fit für kipplige Momente und hilft Ihnen, (fast) jedes Problem (nicht nur) in Ihrer Sportart locker auszutanzen.**

Cross-Over

Ganzjahrestraining auf Skates für Wintersportler

Inline-Skating „mischt" viele Sportarten „auf": Hockey, Basketball kommen ins Rollen, Ausdauertraining wird bereichert und Fitneßsport aus dem Kraftstudio in die frische Luft gerollt.
Besonders belebend wirkt Inline-Skating auf das Sportartenfeld Roll – Eis – Skisport. Inline-Skating als junge Variante dieser traditionsreichen Sportartengruppe gibt neue Impulse: Das Sommertraining der Wintersportler bekommt revolutionär neuen Inhalt. Inline-Skates als Sportgerät kombinieren Qualitäten von Schlittschuhen, Alpin- und Langlaufskiern sowie der klassischen Rollschuhe in sich.
In dieser Vielfältigkeit stellt dieses genial konstruierte Gerät das Bindeglied all der Verwandten der Familie Roll-Eis-Ski dar. Es schließt die Lücke in einem Bogen, der nun optimal über das ganze Jahr gespannt werden kann. Flexibler, bequemer, leichter zu transportieren als zum Beispiel die im bisherigen Sommertraining eingesetzten Rollski, werden Inline-Skates zu **dem** Basisgerät eines sportartübergreifenden und die Jahreszeiten verbindenden Ganzjahrestrainings auf Kufen, Rollen und Skiern.

Wie sieht es mit den Ähnlichkeiten und Unterschieden zwischen Inline-Skating und Skilaufen aus?
Überwiegen die in der Sportwissenschaft „Transfereffekte" genannten positiven Übertragungen, oder liegen „negative Interferenzen" vor?

Oder populär formuliert: Versaut man sich mit Inline-Skating die Skitechnik, indem man sich im Sommer Falsches angewöhnt, das dann im Winter stört?
Vergleichen wir die Sportarten gezielt. Skifahren bedeutet lustvolle

Roll-, Eis- und Skisport

Auseinandersetzung mit Natur, Berg, Schnee. Skifahrer und Skater haben ähnliche Situationen zu bewältigen: Gelände (flach/steil), Unebenheiten (Bodenwellen/Bordsteinkanten), Hindernisse (Laternenpfahl/Baum auf der Piste), wechselnder Untergrund (glatter/rauher Asphalt/vereiste/pulverige Schneeoberfläche), wechselnde Wettereinflüsse (trocken/naß/windig) und eine bewegte Umgebung (Passanten/andere Skifahrer bzw. Skater) fordern permanent. All das macht ein für Roll–Eis–Ski gemeinsames Anforderungsprofil aus. Die für dessen Bewältigung notwendigen grundsätzlichen Erfahrungen im Abdruck, Gleiten, Richtungändern, Bremsen, Stürzen, Kurven, Steuern, Unebenheiten schlucken ... können Sie also exemplarisch trainieren, um in der Summe ein immer variablerer Roll-Eis-Ski-Sportler zu werden.

Dabei verbinden sich hohe Gemeinsamkeiten im konditionellen (Beinkraftausdauer) und koordinativen Bereich (Gleichgewicht, Bewegungsempfinden, Umweltwahrnehmung) mit bewegungstechnischen Parallelen. So können Sie technische Grundelemente des Skisports im Sommer vorwegnehmen: Kanteneinsatz, Umkanten, Kippen, Schwingen, Schneiden ...

Wenn Sie sich also wieder einmal vornehmen: „Dieses Jahr möchte ich mich aber mal richtig aufs Skifahren vorbereiten", so dürfte die richtige Antwort lauten: Inline-Skating. Dabei werden Sie dann vielleicht auch Katja Seizinger oder Gunda Niemann begegnen, zwei Vertreterinnen der wachsenden Zahl von Winter-Leistungssportlern, die sich im Sommer auf acht Rollen dreifach fit halten: **Stark — gefühlvoll — bewegungserfahren** lautet der Dreiklang aus Kondition, Koordination und Technikvorbereitungstraining.

Crosstraining Skilanglauf — Trainingsempfehlungen

Wählen Sie das richtige Fahrgerät!
Verstehen Sie die Unterschiede und Gemeinsamkeiten von Langlaufski, Rollski und Inline-Skates! Im Skilanglauf-Sommer sind Rollgeräte seit langem bekannt. Die Skilanglauf-Rollski haben eine rasante Entwicklung durchlaufen. Es gibt heute leichte High-Tech-Skiroller für die klassische und für die Skating-Technik.
Die für den klassischen Skilanglauf konzipierten Rollski sind mit einer Rücklaufsperre ausgestattet. Damit können Sie sich über die Sohle abstoßen. Diese für die Skilanglauf-Stilart „Klassik" typische Abdruckart können Sie mit Inline-Skates nicht imitieren. Außer der Form des Abdrucks jedoch sind alle anderen wesentlichen Grundbewegungsmuster von „Skating" und „Klassik" gleich: Kniebewegung, Gewichtsverlagerung etc. Deshalb ist der Nutzen von Inline-Skating für Klassik höher, als oft angenommen.
Die Parallelen zum Skilanglauf-Skating sind ganz offensichtlich. Schauen Sie sich die Spurenbilder an: Ski im Schnee, Schlittschuhe auf Eis und nasse Skates auf trockenem Asphalt hinterlassen das charakteristische Skating-V oder das Muster des Bogentretens. Hier haben Sie Skating dreifach. Dabei sind Rollski dem Langlauf sicherlich am nächsten. Dies gilt aber nicht für die Abfahrtstechniken. Die langen Rollski erlauben außer Bogentreten keine Richtungsänderungen und somit keine Parallelen zum Skilanglauf, da sie sich nicht zum Drehen bringen lassen. Rollski-Abfahrten sind deshalb gefürchtet und Quelle vieler Trainingsunfälle.
Inline-Skates sind aufgrund ihrer kurzen Form drehbar und reagieren auf Kantendruck, Körperkippen usw. mit Bögen und Schwüngen. **Fazit: Abfahrtstraining für Skilanglauf immer auf Skates!**

Wählen Sie dazu die richtigen Stöcke, nämlich **Rollskistöcke.** Es sind mit besonders gehärteten Spitzen versehene Skilanglauf-Skating-Stöcke. Diese sollten Ihnen, senkrecht gestellt, bis zur Nasenspitze reichen, wenn Sie auf Ihren Rollen stehen. Besonders wirkungsvoll fürs Oberkörpertraining sind Bergaufläufe.

1. **Verbinden Sie Abfahrts- mit „Hinauffahrt"-Training.**

Zwei Sportarten — eine Technik: Skilanglauf und Inline-Skaten

Literatur-Tip:

Kostenlose Broschüre
„Skilanglauf 2000 — Skating ist in".
Hrsg.: Deutscher Skiverband.
Kontaktadresse:
Freunde des Skisports e. V. Haus des Ski, Postfach 1761, 82145 Planegg.

2. **Fassen Sie beim Abfahren die langen Skatingstöcke in halber Höhe, so daß Ihre Unterarme etwa einen rechten Winkel zu den senkrechten Stöcken bilden.**

3. **Wählen Sie den richtigen „Gang"!**
Die verschiedenen Skilanglauftechniken sind im Grunde nichts anderes als die Gänge eines Autos oder Fahrrades. Durch unterschiedliche, mehr oder weniger beschleunigende Beinarbeitrhythmen in Abstimmung mit begleitendem Arm-Stock-Einsatz drücken und ziehen Sie sich voran. Die zeitliche Verteilung von Stock- und Beinimpulsen verleiht einen kontinuierlichen Vortrieb.
Nehmen Sie Ihre Stöcke in Bauchnabelhöhe vor sich, und setzen sie diese im natürlichen Armrhythmus des Gehens, Laufens oder Skating-Grundschrittes ein: Jetzt sind Sie im Rhythmus des Diagonalskatens, wie dieses quasi „Gehen mit Stöcken" im Skilanglauf genannt wird. Skater, die es den Skilangläufern einmal nacheifern, werden begeistert sein: Sie haben sich mit dem ganzen Körper ausgetobt und erreichen mühelos spannende Geschwindigkeiten.
Kommen Sie nicht vom Skilanglauf, wird Ihnen die Beschreibung der verschiedenen Gänge und ihrer Rhythmen schwer verständlich sein. Wir helfen Ihnen graphisch. Die Spurenmuster der wichtigsten Techniken zeigen Ihnen, wo in bezug auf die Spur der Skates die Stockeinsätze liegen.
Diagonalskaten: Eine Technik mit einarmigen Stockeinsätzen **(a)**, die genügend Halt sichert und beständigen Vortrieb leistet. Sehr nützlich, sobald es beim Bergauflaufen steiler wird.
Skating 1 - 2: Die Basistechnik in der Ebene und im Anstieg. Unterstützen Sie jeden zweiten Beinabstoß mit einem leicht versetzten Stockeinsatz **(b)**. Der Skater im Bild läuft „1 - 2 auf rechts": Wenn Sie sich vom linken Skate abstoßen, unterstützen Sie das Rollen auf rechts durch einen leicht versetzten Stockeinsatz.
Skating 1 - 1: Eine sehr vortriebsintensive Technik, bei der jeder Beinabstoß von einem Doppelstockeinsatz begleitet wird **(c)**.
Halbschlittschuhschritt: Beim Skilanglauf bleibt hier ein Ski in der Loipe, während der andere ständig abstößt **(d)**. Jeder Beinabstoß wird von einem Doppelstockschub unterstützt. Eine sehr gute Technik für rutschige, sandige oder verdreckte Straßen, da Sie auf einem Skate ständig geradeaus rollen und dadurch viel Standsicherheit erhalten.

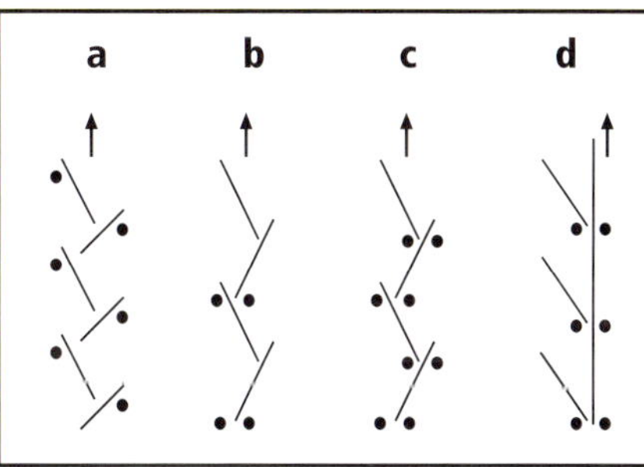

Crosstraining Ski alpin

Eine bewegungsvergleichende Analyse

Inline-Skating legt Sommertraining-Grundlagen und vermag Lernzeiten bzw. die Wiedereingewöhnung zu verkürzen.
Die Tatsache, daß Skates nicht so wie Ski beim Bremsen oder in der Kurve „rutschen", scheint manchen Betrachtern ein gravierender Unterschied zu sein. Aber: Gekonnte Skischwünge bestehen aus sauber geschnittenen — nicht gerutschten — Kurven. Wenn sich Skifahrer den Berg hinabschwingen, reihen sie im Prinzip Kreisbögen aneinander.
Ein guter Skifahrer
- nutzt in wohl ausbalancierter Belastung die Skikanten; diesen sind durch die taillierte Bauweise der Alpinski Kurven geradezu eingebaut
- stellt seine Ski belastet auf die Kanten. So schneiden diese einen schönen, runden Bogen.
Mit geschickter Kantenbeherrschung präzise Schwünge fahren zu können, ohne Zeit und Kraft durch Wegrutschen und Aus-der-Kurve-Driften zu verlieren, war schon immer Ziel qualifizierter und effektiver Bewegungstechnik, vor allem in den Alpin-Skidisziplinen Abfahrt und Riesenslalom.
Carving-Ski machen dies gerätetechnisch leichter, und Inline-Skating erleichtert dies vorbereitungs„technisch": Da es die Skates nicht erlauben, sich rutschend um die Ecke zu mogeln, wird die Technik **geschnittener** Schwünge schon in der Vorbereitung gleichsam erskatet. Sie regen außerdem

Weniger Windwiderstand, aber auch weniger situative Bereitschaftshaltung

das In-die-Kurve-Kippen an. Entgegen der konventionellen alten Alpin-Skischul-Regel („Immer nur den bogenäußeren, den Talski, auf der Innenkante belasten!!") findet effektives Skifahren auf beiden Skikanten statt, die in den Bögen wirken können: die Innenkante des bogenäußeren Skis im Zusammenspiel mit der Außenkante des bogeninneren Skis, wie wir es schon bei unserer Vorstellung der Richtungsänderungstechniken des Inline-Skating betont haben (vgl. S. 41).

Eine gerätevergleichende Analyse
Differenzierte Trainingseffekte können zusätzlich über die Gerätequalitäten der Skates erzielt werden. Längere Speed-Skates sind zum Beispiel den Dreheigenschaften der sehr langen Ski für die Wettkampfdisziplin **Abfahrt** ähnlicher als Normalskates.

- ✗ Verzichten Sie auf das Rockering Ihrer Skates (vgl. S. 20 f.), sonst drehen Ihre Skates zu leicht.
- ✗ Verwenden Sie im Alpin-Crosstraining mit Inline-Skates immer auch die Skistöcke. Die Nutzung von Alpin-Skistöcken erhöht natürlich die Ähnlichkeit. Dennoch sind Rollskistöcke (vgl. S. 78) vorzuziehen: Sie können damit effektiver bergauf fahren.
- ✗ Sie können auch über die Wahl der Rollen Ihr Skating dem Skifahren ähnlicher machen: Die breiteren Agressive-Rollen sind kantiger und vermitteln damit stärker das Kantengefühl auf Skiern.

Eine geländevergleichende Analyse
Nutzen Sie die provozierenden Effekte unterschiedlicher Geländeformen. Die Bergab-Situation ist dem Alpin-Ski natürlich am ähnlichsten. Allerdings ist vielen eine „Abfahrt" mit Inline-Skates schon ab mittlerer (Straßen-)Neigung zu schnell, so daß oft eher passiv abgefahren wird.
Absolvieren Sie Ihr Slalomtraining in der Ebene, so müssen Sie aus den Kurven viel Beschleunigung entwickeln. Dies fördert einen aktiven, beschleunigenden Kniedruck beim sportlichen Skiabfahren.
Sie können die Hangabtriebskräfte imitieren, indem Sie einen langen Anlauf nehmen und mit Schwung in den Ebenen-Slalom hineinfahren. Oder Sie lassen sich von einem Partner schieben oder ziehen (z.B. Sprungseil um die Hüfte des Partners schlingen): Ben-Hur-Slalom mit zwei Zügelenden in den Händen.

Der Hindernis-Slalom provoziert Umsteigetechnik und -rhythmus

Im Flachstück mit Diagonaltechnik durch den Slalom schreiten

Trainingstips

✗ Trainieren Sie vor allem die koordinativen Grundlagen für Skifahren und Inline-Skating.
Stellen Sie sich Wahrnehmungsaufgaben. Zum Beispiel: Während der Abfahrt zugeworfene Bälle fangen, köpfen oder mit den Skistockgriffen wegboxen!
Oder: Vom Partner mit den Fingern gezeigte Zahlen zurückrufen!
Oder schalten Sie Sinne aus, um die anderen Sinne zu fordern.

✗ Wenn Sie viel Abfahrtstraining machen, lohnt es sich, außer dem Helm auch die massiven Agressive-Skating-Schützer zu tragen. Ideal sind Eishockeyhose und -handschuhe, da sie, die Sturzenergie absorbierend, Hüfte und Hand schützen. Sichern Sie sich vor allem durch Absperrung der Straße.

✗ Gestalten Sie Hindernisanordnungen so, daß Ihnen unterschiedliche Bewegungslösungen des Slalomfahrens abverlangt werden. So fordert eine versetzte Anordnung von breiten Hindernissen das Lösungsmuster Umsteigen, da Sie von einem auf den anderen Skate wechseln müssen.

Halb blind macht doppelt wache Beine und gefühlvoll für die Bewegung

Die Bogenschule

Um gezielt Trainingswirkungen fürs Skifahren anzubahnen, sollte die Bogenschule folgende **Grundsätze** beherzigen:

✗ Beginnen Sie schon beim Aufwärmen mit Kurven. Stimmen Sie sich auf Sportschuhen, danach mit Skates auf die Bewegungen von Richtungsänderungen ein. Laufen Sie zum Beispiel in der Gruppe auf engem Raum kreuz und quer, ohne einander zu berühren!

✗ Nutzen Sie alle Ihnen bereits bekannten Formen der Richtungsänderung: Bogentreten, galoppierendes Bogentreten, C-Cut-Bögen (s. auch S. 42).

✗ Achten Sie bei allen Bögen auf exakte,

Literatur-Tip:

Basisliteratur Ski Alpin
Aus der Sicht der hier vorgestellten Analyse der Inline-Skating-Kurventechnik empfehlenswerte Skitechnikliteratur:
H. Tiwald: Vom Schlangenschwung zum Skicurven. Hamburg 1996.
ISBN 3-9804972-1-6.

parallele Kantenstellung.
Legen Sie besonderen Wert auf den richtigen Einsatz des Innen-Skates. Sie können Ihren bogeninneren Ski und dessen Außenkante viel mutiger und effektiver einsetzen, je mehr Sie auf Skates Ihre Stabilität und Balance auf der Außenkante verbessert haben.

- ✗ Skaten Sie mit Schwung in Bögen hinein, zum Beispiel auf einen Pfahl zu, und fahren Sie den Bogen auf der Innenskate-Außenkante, während Sie das bogenäußere Bein anheben. Ihre bogeninnere Hand sichert Sie an der Stützmöglichkeit ab (Pfahl, vom Partner gehaltener Gymnastikreifen ...).
- ✗ Kurven Sie um Ihre Skistöcke. Oder setzen Sie Ihre Skistöcke in Bögen ein, zum Beispiel Stockeinsatz des bogeninneren Stockes in den auf dem Boden liegenden Gymnastikreifen hinein, um den Sie anschließend fahren.

Rasante Schwünge: enger Kurvenradius plus Gegendrehung

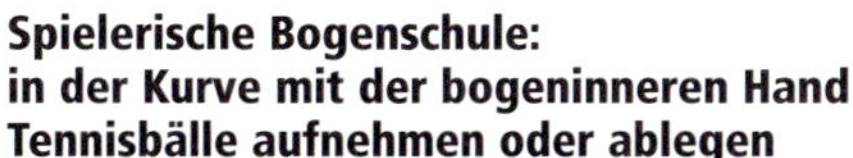

Spielerische Bogenschule: in der Kurve mit der bogeninneren Hand Tennisbälle aufnehmen oder ablegen

- ✗ Variieren Sie viel zwischen Rotation und Torsion des Oberkörpers als Mittel zur Dosierung von Bögen: Je mehr Sie im Oberkörper mitdrehen, desto stärker begünstigen Sie den Zug des Oberkörpers in den Bogen hinein. Gegendrehung hingegen schwächt und begrenzt diese Tendenz.
  Wenn die Bögen so richtig rund laufen, lautet der nächste Trainingstip: „Vom Kreis zur Acht!"

Von der Acht zum Slalom

Lassen Sie sich aus dem einen gelungenen Bogen einfach in den nächsten hineintragen.
Beim Übergang vom Links- zum Rechtsbogen und zurück kommen Sie in das „8er"-Skaten. In der Mitte der Acht geht es vor allem um drei „Tricks", die Grundbausteine eines geschickten Bogenwechsels im Inline-Skating, Eislauf oder Skifahren: **Um-Kippen, Um-Stellen, Um-Kanten**.

Umkippen

... meint, den Körper von der einen Innenlage in die nächste hinüberzukippen, um den nächsten Bogen einzuleiten. Richten Sie sich dafür am Ende Ihres „alten" Bogens auf, und legen Sie sich vorwärts-rüber in die neue Bogenrichtung.
Diese Aktion verbinden Sie zeitgleich mit Umstellen und Umkanten.

Umstellen

Im Bogen führt in der Regel die bogeninnere Körperseite: Hüfte, Schulter sowie Fuß (bzw. bogeninnerer Skate). Soll es nun zum Bogenwechsel kommen, ist auch die Position der Skates umzustellen:

- ✗ Führen Sie den bogenäußeren Skate am inneren vorbei und stellen Sie ihn voran in den neuen Bogen.
- ✗ Übertreiben Sie beim Üben und stampfen betont auf die Außenkante des

Vom Einkaufswagen-Twist zum Wedeln in der Fall-Linie

bogeninneren Skates. Sie soll zwar nicht so lange Druck bekommen wie die Innenkante des bogenäußeren Skates, aber in aller Kürze einen um so entschiedeneren. Galoppwechsel im Bogentreten bedeutet nichts anderes, als von einer bogentretenden Nachstellschritt-Position in eine neue umzustellen.

Beispiel: Umstellen von Linksbogen auf Rechtsbogen:
rechts (nachgestellt) / links (vorgestellt) — rechts (vorbeigestellt) / links (nachgestellt). Dieser Wechsel findet auch bei allen anderen (auf den Seiten 41 ff.) beschriebenen Kurventechniken statt.

Umkanten

Umkippen und Umstellen führen zur Richtungsänderung und zum Umkanten. Dieses wird zusätzlich aktiv ausgeführt. Streben Sie beim Umstellen die neue Richtung aktiv an, indem Sie auch Knie und Fußgelenke in diese drücken.

Wichtig: Stellen Sie den (alter Bogen) bogenäußeren Skate von der Innenkante (große Zehe bzw. Fußinnenkante) im Nach-vorn-Vorbeistellen auf die Außenkante. Der kleine Zeh bzw. die Fußaußenkante „schneiden" den neuen Bogen an.

Das Ineinanderfließen von Umkippen, Umstellen und Umkanten ergibt einen harmonischen, kraftsparenden und gelenkschonenden Bogenwechsel.
Skaten wir einfach aus der „8" in eine Aneinanderreihung von Bogenwechseln, so bewegen wir uns im Slalom: Die Slalom-Kreisbögen können auch ganz kurz angedeutet aneinandergereiht werden, wie beim sogenannten Skiwedeln. Dabei wird der Bogenwechsel durch twistendes Gegeneinanderdrehen von Ober- und Unterkörper unterstützt.

Tip: Üben Sie am Einkaufswagen. Bedenken Sie, daß die Ballenbetonung des Inline-Skating-Rückwärts-Wedelns **in der Ebene** (vgl. S. 46) dem des Skifahr-Vorwärts-Wedelns entspricht.

Inline-Skating-Vorwärts-Wedeln in der Ebene, das eine Fersenbetonung verlangt, entspricht eher der Gewichtsbelastung beim Tiefschneefahren — mit dem Ziel, die Skischaufeln zu entlasten, damit sie sich nicht in den Schnee hineinbohren. So wie die vorderen Rollen der Skates nicht so sehr auf dem Asphalt kleben, wenn das Gewicht mehr auf den Fersen (hinteren Rollen) lastet.

Die Spielsituation „8er-Skate" lehrt das Umkanten

Gesundheitliche

Inline-Skaten kann die Gesundheit fördern und bei richtiger Dosierung der Belastungen die Fitneß steigern. Inline-Skaten kann aber auch zu bösen Verletzungen führen — bei Übermut und Nachlässigkeit in der Wahl der richtigen Schutzausrüstung. Mehrere Untersuchungen an verschiedenen Universitäten in Deutschland belegen dies.

Verletzungsrisiken beim Inline-Skating

Die konkreten Zahlen der statistischen Untersuchungen über die Art der Verletzungen beim Inline-Skaten schwanken sehr stark, lassen jedoch Tendenzen erkennen. Laut Untersuchungen an 142 verletzten Skatern, durchgeführt von Dr. Hilpert an der Universitätsklink Hamburg-Eppendorf, ist fast jede zweite Verletzung eine Fraktur (49 Prozent), während Dr. Dinkerkus und Dr. Martinek (Klinik für Orthopädie der TU München) in einer Studie lediglich zwölf Prozent Knochenbrüche registrierten. (Zahl der untersuchten Skater: 101). Als gemeinsame Ergebnisse der Untersuchungen lassen sich festhalten:

Skaten in der Gruppe macht Spaß

Erstens: Am häufigsten treten Schürfwunden, Gelenkverstauchungen, Brüche und Weichteilquetschungen auf.

Zweitens: Besonders gefährdet sind die Hände und die Unterarme. Bei Stürzen erfolgt häufig ein reflektorisches Abstützen mit den Händen, welches dann zu schweren Verstauchungen oder Brüchen der Handgelenke oder Unterarme führt.

Drittens: Häufigste Sturzursache bei den Recreation-Fahrern ist ein Koordinations- und Gleichgewichtsverlust beim Bremsen.

Schlußfolgerungen: Eine gezielte fachliche Einführung in die Brems- und Sturztechniken gehören ebenso zu einer sinnvollen Prophylaxe wie das konsequente Anlegen der Schutzausrüstung.

- ✗ Aggressive-Skater fallen durch eine besonders hohe Rate an Fingerverletzungen auf. Ursache ist, daß es keinen effektiven Schutz für die Hände gibt, der die nötige Bewegungsfreiheit für Sprünge mit Griffen an die Coping der Halfpipe oder an die Skates erlaubt.
- ✗ Auffällig war die seltene Benutzung von Schonern bei den Verletzten. Laut Ergebnissen einer GFK-Studie besitzen nur 30 Prozent aller Skater keine Schutzausrüstung, aber lediglich 42 Prozent tragen sie regelmäßig. Von den Verletzten trugen sogar nur ca. 30 Prozent die entsprechenden Handgelenk-, Ellenbogen- und Knieschoner.

Skaten als Ausdauersport betrieben, verbessert gelenkschonend die Herz- Kreislauf-Funktion

- ✗ Ausdauerskater leben recht ungefährdet: Lediglich 6,1 Prozent verletzen sich beim Ausdauertraining laut einer Untersuchung der Ruhr Universität Bochum.
- ✗ So kamen auf 1000 Stunden Inline-Skaten durchschnittlich 0,18 Verletzungen. Damit ist die Verletzungshäufigkeit geringer als die von Radfahrern (4) oder Amateur-Fußballern (7,6 Verletzungen pro 1000 Trainingsstunden).

Herz-Kreislauf-Training

Mit Inline-Skaten läßt sich nicht nur die Koordination verbessern, das Training auf den Skates verbessert in einem großen Umfang auch die Konditionsleistungen. Daher schwören sogar viele Triathleten auf die Skates, die Abwechslung in den umfangreichen und manchmal monotonen Trainingsalltag bringen. In mehreren Studien wurden die Herz-Kreislauf-Belastungen untersucht und mit den klassischen Ausdauersportarten wie Laufen, Radfahren oder Skilanglauf verglichen. (Grundlegendes Merkmal einer Ausdauersportart: Ein großer Teil der Muskulatur ist aktiv an der Bewegung beteiligt, und es findet eine dynamische Muskelarbeit mit vielen Wiederholungen und geringem Kraftaufwand statt.)

An der Ruhr Universität Bochum wurden von Dr. Henry Schulz mehrere Stufentests durchgeführt, um die **Laktatkonzentration im Blut** während des Ausdauertrainings festzustellen. Ähnlich wie beim Fahrrad-Ergometer-„Fahren" lagen die **Laktatwerte** beim Skaten bei **gleicher Sauerstoffaufnahme** im mittleren Anstrengungsbereich um 2 Millimol je Liter Blut (mmol/l). (Überschreitet der Laktatwert 4 mmol/l, wird aus einer aeroben Ausdauerbelastung eine anaerobe). **Belastungen mit einem Laktatwert um 2 mmol/l sind für eine Verbesserung der Ausdauerkapazitäten optimal!** Bei vergleichbaren Stufentests mit Läufern und Schwimmern wurden wesentlich höhere Laktatwerte ermittelt. Das deutet darauf hin: **Skaten als Ausdauertraining führt gerade bei Untrainierten zu einer Verbesserung der Herz-Kreislauf-Tätigkeit.** Der Grund: Ungeübte Skater können höhere Belastungsintensitäten fahrtechnisch gar nicht realisieren, und fortgeschrittene, ausdauerleistungsstarke Skater haben aus Sicherheitsaspekten (Gegenverkehr durch Fußgänger, Radfahrer oder schlecht einsehbare Kurven) keine Möglichkeiten, die hochbelastenden Geschwindigkeiten (um 30 km/h) zu erreichen.

Die muskuläre Ermüdung ähnelt der beim Radfahren

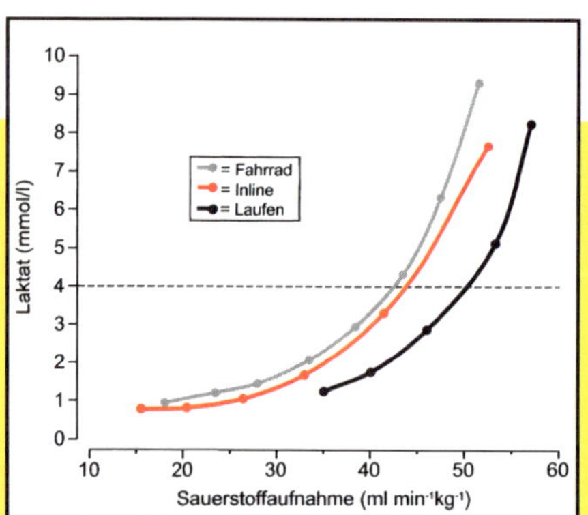

Die Herz-Kreislauf-Belastung ähnelt der beim Laufen

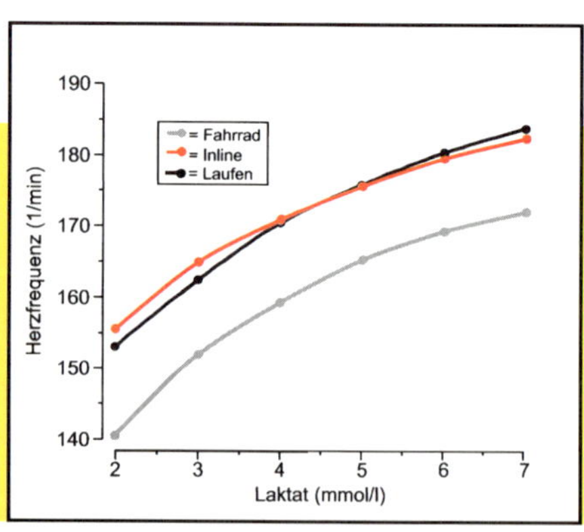

Eine zweite Untersuchung verdeutlichte, daß das **Herzfrequenzverhalten bei gleicher Laktatkonzentration** eher mit dem Laufen korrespondiert als mit dem Radfahren. Das bedeutet: Herzfrequenzvorgaben für Trainingsempfehlungen können sich am Laufen orientieren. Von der Belastungsart unterscheidet sich Skaten jedoch ein wenig vom Laufen und Schwimmen: Während beim Joggen und Schwimmen selbst bei niedrigem Tempo die Muskulatur durchweg dynamisch arbeitet, wechselt beim Skaten permanent dynamische mit statischer (Halte-) Muskelarbeit.

Das **Körpergewicht** bestimmt die Intensität der Haltearbeit, unabhängig von der Geschwindigkeit. Die hat lediglich Einfluß auf die zu leistende dynamische Muskelarbeit in der Abdruckphase. Beim langsamen Skaten ist der Anteil der Haltearbeit im Verhältnis zur dynamischen Arbeit relativ groß. So steigt zwar die Herzfrequenz, der Sauerstoffverbrauch wird jedoch nicht größer. Hier sind Laufen, Radfahren, Schwimmen und Skilanglauf effektiver.

Erst bei mittlerem bis hohem Tempo kann Skaten für trainierte Sportler die Ausdauerleistungsfähigkeit positiv beeinflussen. So hat 30 bis 60 Minuten langes Skaten bei einer Herzfrequenz von 140 bis 160 Schlägen pro Minute (abhängig vom Alter und Trainingszustand) auf alle Fälle eine positive Wirkung auf die Herz-Kreis-lauf-Funktion.

Im Gegensatz zum Laufen ist das Skaten jedoch wesentlich gelenkschonender. So hat ein 70 Kilogramm schwerer Marathonläufer bei 42 Kilometern rund 40 000 mal das Zwei- bis Dreifache seines Körpergewichts abzufedern. Beim Skaten hingegen findet eine gleitende Gewichtsverlagerung von einem Bein auf das andere statt.

Das kommt besonders Leuten entgegen, die sehr schwache Gelenke, Knorpel und Bänder haben.

Das Tolle am Skating:
Es ist gesund — und macht Spaß

Skate

Für die einen ist es das perfekte Fortbewegungsmittel, für die anderen einfach die größte Bedrohung der Fußgänger, seit es rollende Untersätze gibt. Inline-Skating polarisiert die Gemüter und hat sich nicht nur Freunde geschaffen. Denn seitdem die Inliner massenhaft aufrollen, sind die asphaltierten Bürgersteige und gefliesten Einkaufspassagen ein heißumkämpftes Pflaster. In Fußgängerzonen, an belebten Plätzen, in öffentlichen Verkehrsmitteln und privaten Läden erfreuen sich die Skater unterschiedlicher Beliebtheit.

Wie ist die Rechtslage?

Der § 24 der Straßenverkehrsordnung (StVO) manifestiert die juristische Grundlagen der Skater. Demnach gilt: Die Inliner werden den Fußgängern zugeordnet, die sich mit beiden Beinen bewegen und kein Fahrzeug im Sinne der Straßenverkehrsordnung führen.

Das Bundesverkehrsministerium bestätigte, daß Skates als „ähnliche Fortbewegungsmittel" im Sinne des § 24 Absatz 1 der StVO anzusehen sind. Damit unterliegen sie nicht den Vorschriften für Fahrzeuge, sondern den für Fußgänger geltenden Regeln.

Nach Aufassung einiger Verkehrsrechtsexperten zählen Rollschuhe und Rollbretter jedoch zu den **Sportgeräten**. Damit wären die Inline-Skates weder Fahrzeuge noch sonstige Fortbewegungsmittel im Sinne des Straßenverkehrsrechts. Diese Problematik der rechtlichen Zuordnung der Skates wird in den nächsten Jahren noch einige Diskussionen entfachen.

Wie schnell dürfen Skater sein?

Das ist gesetzlich nicht festgelegt. In der juristischen Praxis gehen die Verantwortlichen davon aus, daß ein Tempo über einer schnellen Fußgängergeschwindigkeit von 7 km/h zu einer Gefährdung der übrigen Verkehrsteilnehmer führen könnte. Wird man mit höherer Geschwindigkeit erwischt, ist man in einem Schadensfall als Skater verantwortlich.

Sollte man Inline-Skaten dem Fahrradfahren gleichstellen?

Eine solche Regelung ist schon länger in der Diskussion. Die **Vorteile** wären, daß das Skaten auf den Fahrradwegen und teilweise auf den Straßen erlaubt wäre. Doch die **Nachteile** würden überwiegen: Fußgängerwege und Einkaufspassagen wären tabu, und außerdem müßte man im Dunkeln Licht führen. Bislang wird in den

§ 24 Absatz 1 der StVO lautet: „Schiebe- und Greifreifenrollstühle, Rodelschlitten, Kinderwagen, Roller, Kinderfahrräder und ähnliche Fortbewegungsmittel sind nicht Fahrzeuge im Sinne der Verordnung."

§ 24 Absatz 1 der StVO hat für Skater (= ähnliche Fortbewegungsmittel) folgende Konsequenz: Bei der Gehwegbenutzung haben Skater darauf zu achten, daß durch sie „keine Gefährdung, vermeidbare Belästigung oder Behinderung anderer eintritt".

smart

Ein autofreier Sonntag - und die Stadt wäre ein Königreich für die Skater

meisten Regionen die Sache recht locker gehandhabt: Skaten auf den Fahrradwegen wird meist anstandslos geduldet, und das Fahren in Spiel- und Wohnstraßen ist nach § 31 StVO sogar erlaubt. Danach zählt Skaten zu den Kinderspielen, und die sind in den verkehrsberuhigten Straßen zulässig. Inzwischen wird in verschiedenen Bundesländern auch nach neuen Wegen gesucht (im wahrsten Sinne des Wortes), um den Bedürfnissen der Skater gerecht zu werden. In **Hamburg** zum Beispiel wird darüber diskutiert, an den Wochenenden bestimmte, wenig frequentierte Straßen und Plätze für die Skater freizugeben. In **München** appeliert die Polizei mit Verhaltensregeln an die Vernunft der Skater, um Konflikte zu vermeiden.

Regeln für Inline-Skater:

- ✗ Skaten Sie stets so, daß Sie die Situation im Griff haben.
- ✗ Tragen Sie immer die komplette Schutzkleidung. Tragen Sie als Anfänger einen Helm.
- ✗ Skaten Sie auf Wegen stets auf der rechten Seite.
- ✗ Fußgänger, Radfahrer und andere Skater werden immer auf der linken Seite überholt.
- ✗ Fußgänger und Radfahrer haben Vorrang.
- ✗ Wenn Sie auf Bürgersteigen skaten, passen Sie Ihre Geschwindigkeit an, fahren Sie vorausschauend, und seien Sie stets bremsbereit.
- ✗ Verunreinigungen durch Wasser, Öl, Schmutz oder Sand umfahren, und meiden Sie Risse im Asphalt oder rauhe Beläge.

Bedingt lässig: Sich von Autos ziehen zu lassen, ist keine große sportliche Übung

- ✗ Behalten Sie stets volle Konzentration, denn auf belebten Wegen kommt häufig überraschend eine ungeahnte Situation — also skaten Sie „wach" durch die Welt. Besonders gefährlich sind plötzlich aufgehende Beifahrertüren von Autos, die gerade parken.

Die International Inline Skating Association (IISA) und der Deutsche Inline-Skating Verband (D.I.V.) haben diese Regeln aufgestellt, an die sich alle Skater aus eigenem Interesse halten sollten, um ein kooperatives Miteinander von Fußgängern, Bikern, Autofahrern und Skatern zu ermöglichen.

Wie ist man als Skater versichert?
Grundsätzlich sind Unfälle mit Schäden an fremden Personen oder Gegenständen durch eine **private Haftpflichtversicherung** gedeckt. Doch Vorsicht: Kann dem Verursacher, in diesem Fall also dem Inline-Skater, bei einem Unfall nachgewiesen werden, daß er fahrlässig gehandelt hat, also zum Beispiel zu schnell gefahren ist, kann die Versicherung die Schadensübernahme verweigern. Und zu schnell im Sinne der fahrlässigen Handlung ist man ja schon mit mehr als 7 km/h. Bewegen sich Skater in einem Bereich mit überhöhter Geschwindigkeit, in dem sie von vornherein damit rechnen mußten, andere Verkehrsteilnehmer zu gefährden, also zum Beispiel in Fußgängerzonen, können sie sogar unter gewissen Umständen vor Gericht des bedingten Vorsatzes beschuldigt werden. Um ein böses Erwachen in einem Schadensfall zu vermeiden, sollten Sie an Ihre Versicherung herantreten und das Risiko ausdrücklich mit in die Versicherungspolice aufnehmen lassen — schriftlich, versteht sich.

Zwischen Frühaufstehen und Tagewerk: Let's skate

Als die Rollen

Die Idee, mehrere Rollen in einer Linie (engl.: in line) anzuordnen, um dann über den Asphalt zu gleiten, ist älter als die Straßen und glatten Flächen, die man dazu benötigt. Erste Aufzeichnungen über derartige fahrbare Untersätze wurden schon vor über 200 Jahren gemacht.
John Josef Merlin aus Belgien ist der erste namentlich bekannte Tüftler, der je zwei Eisenrädchen unter normale Schlittschuhe montierte. Bei einer Vorführung am englischen Hofe im Jahr 1760 fand seine Vorführung so lange Gefallen, bis ein riesiger Spiegel seine Showeinlage jäh stoppte. Er war damit also nicht nur der erste Inline-Skater, er war auch das erste statistisch erfaßte Unfallopfer seiner Erfindung.
Der Franzose Jean Garcin erhielt für seine Konstruktion im Jahre 1815 ein Patent auf den prähistorischen Rollschuh. Er hatte unter ein sohlenförmiges Brett einfach drei Rollen geschraubt. Die filigrane Konstruktion wurde mit einem einfachen Lederriemen am Fuß befestigt. Eine Stütze, die bis hoch zur Wade reichte, sorgte für entsprechenden Halt. Er eröffnete sogar die erste Inline-Schule in Paris.
Die Patente und Entwicklungen häuften sich im 19. Jahrhundert, aber der rechte Durchbruch blieb den Urmodellen der Inline-Skates verwehrt. Als größtes Handicap der damaligen Zeit erwies sich, daß es zu wenige ebene und glatte Flächen gab, die ein lustvolles Gleiten erst ermöglichen. Das beschwerliche Rollen auf dem Kopfsteinpflaster fand wenig Freunde, und so wurden die Rollschuhe fast ausschließlich „indoor“ verwendet. Etwas mehr Fahrkomfort versprachen die Reifen-Rollschuhe von Bäumcher, die 1894 in Deutschland auftauchten. Die beiden Räder waren wie Fahrradreifen mit Luft gefüllt. Eine Idee, die gerade wieder als absolut neuester Trend des Inline-Marktes Beachtung findet. Die Vorgänger der heutigen Inline-Skates verschwanden fast komplett von der Bildfläche. Erst mit der paarweisen Anordnung der Rollen, den 2 x 2-Rollschuhen (Quades) oder „Rollerskates“, kam neuer Schwung in die Entwicklung.
Diese „klassischen“ Rollschuhe hatten den Vorteil, daß sie auf dem rauhen und unebenen Untergrund wesentlich leichter zu beherrschen waren und geringere Anforderungen an die Gleichgewichtskoordination stellten.
In den 70er Jahren erlebten diese Rollschuhe ihre Boomphase, die aber nur kurz anhielt und längst nicht die Ausmaße der heutigen Inline-Bewegung hatte.
Der Anstoß für die heutige Entwicklung und die enorme Attraktivität der Skates ging von den Eissportlern aus. Die amerikanischen Brüder Scott und Brennan Olsen bastelten Anfang der 80er Jahre Rollen, in einer Reihe angeordnet, unter einen ausge-

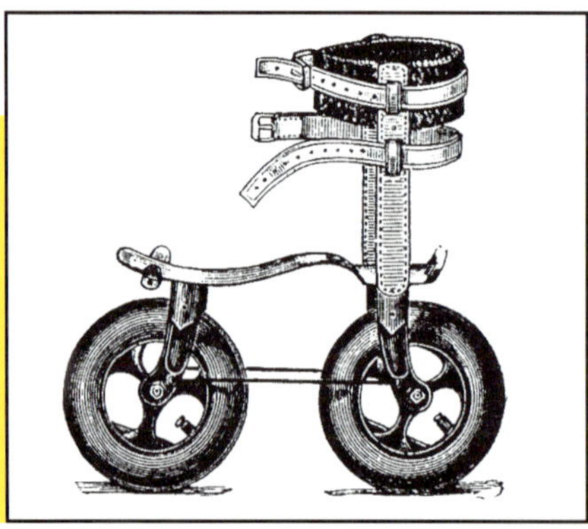

Reifen-Rollschuh von Bäumcher Deutschland 1894

musterten Schlittschuh, um ihr Eishockeytraining auch in der heißen Sommerzeit fortzusetzen. Heraus kam der erste Skateschuh aus Kunststoff mit vier Rollen unter der Sohle, die in einer Schiene befestigt waren. Die Idee wurde von dem heutigen Marktführer „Rollerblade" gekauft und zur Massenproduktion perfektioniert.
Pionierarbeit leistete jedoch auch ein deutscher Tüftler. Bereits im Oktober 1970 hatte der enthusiastische Schlittschuhläufer Friedrich Mayer ein ähnliches Modell gebaut und sogar ein Patent darauf erworben. Seine Idee fand bei den Rollschuhherstellern und der Sportartikelindustrie jedoch wenig Gegenliebe, denn die 2 x 2-Rollerskates hatten gerade Hochkonjunktur.
Eishockeyspieler und Schlittschuhläufer sahen jedoch die sportliche Verwandtschaft der Bewegungen bei der Rollenanordnung in einer Reihe und forcierten die Entwicklung der neuen Skates.
Um 1988 sah man die Inline-Skates auch in Deutschlands Straßenbild auftauchen. Zum richtigen Durchbruch als Freizeitsportgerät für eine riesige Anzahl sportbegeisterter Menschen kam es jedoch erst in den letzten drei Jahren.
Mehrere Verbände rangen um die Akzeptanz als Interessenvertretung. 1995 wurde die German Inline-Skating Association (GISA) unter Federführung des Marktführers Rollerblade gegründet. Unter dem Einfluß von anderen Firmen entstand zeitgleich ein zweiter Verband mit dem gleichen Namen GISA. Die beiden Verbände schlossen sich im Herbst 1995 zusammen, bekamen jedoch im Frühjahr 1996 wiederum Konkurrenz von einer neuen Organisation, dem Deutschen Inline-Skate Verband (D.I.V.). Dieser Verband befaßte sich in erster Linie mit den Interessen der Agressive- und Street-Skater. Im Herbst 1996 haben sich auch der D.I.V. und die GISA vereint und bilden unter dem Namen D.I.V. eine einheitliche Interessenvertretung für den Skatesport.

Skaten um die Jahrhundertwende — eine wacklige Angelegenheit

Die besten

Hamburg

Das Herz der Hanseaten-Skater schlägt direkt im Zentrum der City. Der Jungfernstieg, direkt an der Binnenalster gelegen, und die Strecken um die Alster sowie an der Elbe entlang sind begehrte Hamburger Laufstege. Am Jungerfernstieg bietet ein 1000 m^2 großer Platz mit glattem Asphalt, flachen Treppen und guten Handläufen ein hervorragendes Spielterrain für Street-Skater. Am Wochenende steht die City Nord, nördlich des Stadtparks, hoch im Kurs. Auch die „Tempo-30"-Straßen auf dem Ohlsdorfer Friedhof bieten Ruhe und Asphalt für lange Touren innerhalb der Stadt. Weitere Tips sind der Street-Skater-Treff bei den Grindelhochhäusern oder die ausgedehnten Touren entlang der Elbe von Othmarschen in Richtung Blankenese. In den Wallanlagen bei Planten un Bloomen hat im Sommer Deutschlands größte Inline-Skating-Schule eine ihrer Unterrichtsflächen. Das trockengelegte Eisstadion in Stellingen bietet im Sommer gute Hockeymöglichkeiten (Anfrage über Hamburger Inline-Skate-Schule, Tel. 040/41 23 36 05).

Straßenplätze

1. Mundsburg, Ecke U-Bahn-Station Mundsburg und Lerchenfeld
2. Anleger am Jungfernstieg, direkt neben den Anlegern der Alsterdampfer
3. U-Bahn-Station Meßberg bei der Polizei Wache; an der Ost-West-Straße
4. beim Hotel Steigenberger in der Nähe der Ludwig-Erhard-Straße

Übungsplätze

5. Heiligengeistfeld neben dem Millerntorstadion, Ecke Glacischaussee/Budapester Straße
6. Hockeyplatz bei den Wallanlagen
7. Volksparkstadion-Parkplatz, wenn keine Veranstaltung im Stadion ist
8. Eis- und Radrennbahn in Stellingen
9. U-Bahn-Station Feldstraße, das Parkdeck vom Continent-Markt
10. Region um den alten Elbtunnel

Spots und Strecken

Rampen

11. Thomas I-Punkt Skateland, Amsinckstraße
12. Steilshoop, zwischen Gründgensstraße und Alfred-Mahlau-Weg
13. Niendorf/Schnelsen, Skatepark am Königskinderweg

Touren

14. Strecke vom Jungfernstieg zum Hafen über Großer Burstah und Rödingsmarkt
15. Tour von der Innenstadt zu den Wallanlagen über Jungfernstieg und Valentinskamp
16. Route von Eppendorf zur Alster über Harvestehuder Weg und Alsterufer

Riesen-Gaudi an der Isar

München

Münchens teuerste Flaniermeile ist auch der ultimative Treffpunkt der Skater in der Isarmetropole: Die Leopoldstraße bietet zwischen Cafés und schicken Shops den richtigen Playground für Street-Poser und Schicki-Skater. Die Stunt-Skater zieht es eher zum rosafarbenen Unigebäude, wo lange Treppen mit steilen Handläufen zum Grinden einladen. Auch das „Haus der Kunst" ist ein beliebter Treffpunkt: Die Säulen fordern geradezu zum Slalomtraining auf, an glatten Rampen und flachen Treppenstufen kann man die ersten Tricks versuchen. Der Opernplatz vor dem Nationaltheater ist ebenfalls superglatt und zum Skaten prädestiniert. Beliebtester Ort der Skater ist jedoch das Olympiagelände. Hier stehen ein Funpark mit Halfpipe, Miniramps, Banks, Funboxes und Slidebalken bereit.
Eine Speedstrecke (rauher Asphalt) von fünf Kilometern verläuft entlang der Ruderregattastrecke in Oberschleißheim. Am Eisstadion Passing gibt es eine Speedbahn (166 m) und ein Hockeyfeld. Das Eisstadion in Neuperlach (U 2/ U 5) hat im Sommer eine Halfpipe, Miniramp, Funpark und 400-m-Speedstrecke sowie ein Hockeyfeld zum Austoben.

Straßenplätze

1. Am Olympiagelände gibt es sowohl überdachte als auch Freiluftskateplätze; U-Bahn Olympiazentrum
2. Die Ruder-Regattastrecke in Oberschleißheim hat eine 5 Kilometer lange Speedstrecke
3. Am Heimeranplatz (an der U-Bahn) sind mehrere flache Stufen und Handrails
4. beim Finanzamt an der U-Bahn Hackerbrücke

Übungsplätze

5. Im Westpark (U-Bahn Partnachplatz) sind große Freiflächen, optimal für die ersten Versuche geeignet
6. Der Josephsplatz in der Nähe des Opernplatzes bietet guten Skateground (U-Bahn Marienplatz)
7. Unterhaching, Treffpunkt der Szene-Insider. Große Halfpipe, Funpark mit Miniramp, Ramp und Grinds

Rampen

8. Im Hirschgarten steht eine Quarterpipe (U-Bahn Laim)
9. Indoor-Halfpipe in der Diskothek „Gleis 3" (S-Bahn Neubiberg)
10. Olympiazentrum; Funpark, Streetparcour, Funbox, Curbs (U 3/Olympiazentrum), Action-Area Tel: 089/3067-0
11. Sport- und Freizeitgelände Unterhachingen (s.o.)

Touren

12. Start am Marienplatz, durch das Isartor entlang der Isar Richtung Grünwald
13. Rundkurs vom Marienplatz über Opern-, Odeonsplatz, Engl. Garten, Leopoldstraße und zurück
14. Leopoldstraße — rauf und runter
15. Westpark, vom Rosengarten über das asiatische Ensemble zur Bayerischen Alm und zurück*
16. An der Würm entlang von Allbach (S 2) über Untermenzing Obermenzing, die Blutenburg und den Pasinger Stadtpark nach Gräfeling*

*ohne Karteneintrag

Berlin

Die Berliner Skater-Szene boomt. Kurz bevor der Bundestag seine Zelte an der Spree aufschlägt, haben die Inliner sich ihr Terrain gesichert. Andererseits bietet Berlin so viel Platz zwischen den diversen Baustellen, daß sich die Skater über die ganze Stadt verteilen und echte Treffs rar sind. Wer just for fun skaten möchte, kommt am Alexanderplatz, am Breitscheidplatz und auf der Straße des 17. Juni auf seine Kosten. Die Rampen finden sich an der Wuhlheide, im Jugendfreizeitheim in Spandau und im Freizeitpark Lübars.
Der erste Berliner Skateboard Verein, der bereits über 20 Jahre existiert, betreibt Skateanlagen in Wilmersdorf (Halfpipe am Eisstadion), in der Marshallstraße (Miniramp) und in der Lissabonallee (Streetramps).
Die Hockeyspieler treffen sich auf dem Winterfeldplatz und in der ICC-Fußgängerunterführung, außerdem wird in mehreren Vereinen Inline-Hockey gespielt. Für Stunt-Skater gibt es verschiedene Möglichkeiten auf dem Alexanderplatz, an der Nationalgalerie, der Philharmonie sowie an der TU Dahlem.
Skate-Treff ist jeden Samstag dreißig Minuten nach Ladenschluß bei Mike's & Billie's Skate-Shop in der Motzstr. 9 (Tel: 030/2157070).

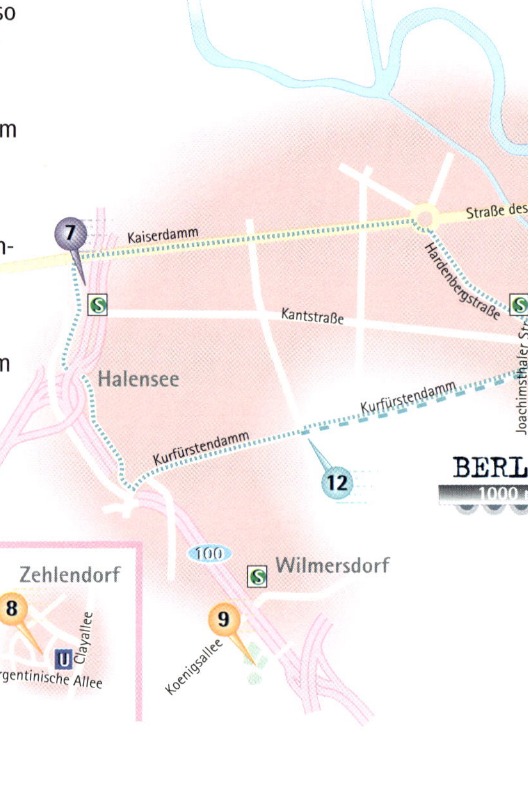

Straßenplätze

1. S-Bahn Alexanderplatz, Alexanderplatz, Fernsehturm und Passagen an der Rathausstraße
2. S-Bahn Zoologischer Garten, Breitscheidplatz und Umgebung
3. S-Bahn Potsdamer Platz, an der Nationalgalerie, beim Kunstgewerbemuseum und bei der Philharmonie

Übungsplätze

4. Straße des 17. Juni, auch durch den Tiergarten
5. S-Bahn Landsberger Allee, Sport- und Erholungszentrum
6. U-Bahn Nollendorfplatz, Winterfeldplatz, mittwochs und sonntags Hockey
7. S-Bahn Witzleben, Hockey in der Fußgängerunterführung

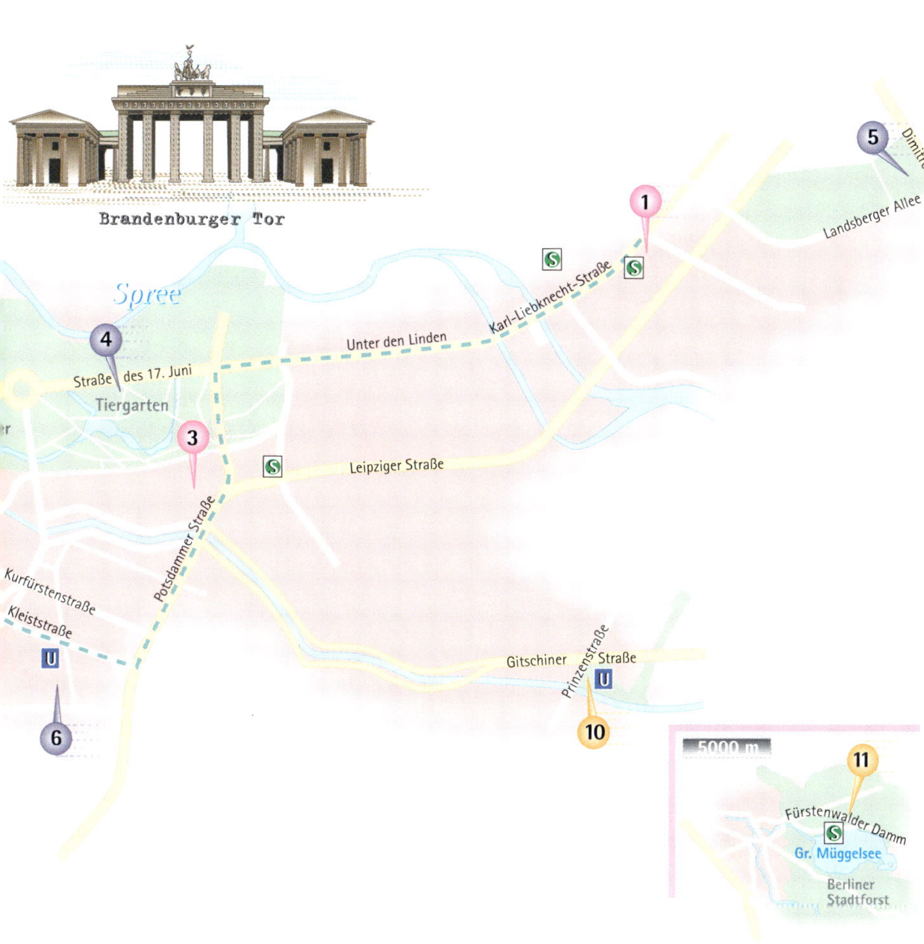

Skate-Boom in der Hauptstadt

Rampen

8. U-Bahn Oskar-Helene-Heim, Marshallstraße
9. S-Bahn Hohenzollerndamm, Stadion Wilmersdorf
10. U-Bahn Prinzenstraße, Böcklerpark
11. S-Bahn Wuhlheide, Freizeit- und Erholungszentrum

Touren

12. Adenauerplatz – Ku'damm-Nollendorfplatz – Winterfeldplatz – Potsdamer Straße – Straße des 17. Juni – Brandenburger Tor – Unter den Linden – Alexanderplatz (zur Zeit allerdings recht viele Baustellen)
13. Charlottenburg: Gedächtniskirche – Ku'damm – Rathenauplatz – ICC Kaiserdamm – Ernst-Reuter-Platz – Breitscheidplatz

Augsburg

Am Abend lebt Augsburg auf und läßt die Skate-Puppen tanzen. Die beliebtesten Treffpunkte sind der Rathaus- und der Königsplatz. Das Eldorado für Fitness- und Gelegenheits-Skater ist zwischen Neusäß und Welden. Aber auch einige Radwege rund um die Alma mater im Süden bieten sich für einen Ausflug an. Auf dem Feuerwehrplatz in Friedberg locken eine Half- und Funpipe die Aggresive-Skater an. Eine beliebte Sightseeing-Strecke ist die Weldenbahn, eine rund 15 Kilometer lange, stillgelegte und asphaltierte Bahnstrecke.
Die Hockeyspieler wenden sich am besten an den Verein Skate-Union oder an die Ringalu-Indoor-Skate-Anlage (siehe Hallenübersicht auf Seite 120), um die aktuellen Termine und Orte zu erfragen. (Weitere Infos über Sport Wagner, Rene Wergain, Tel: 08 21/51 13 83).

Crazy oder cool – Hauptsache geskatet

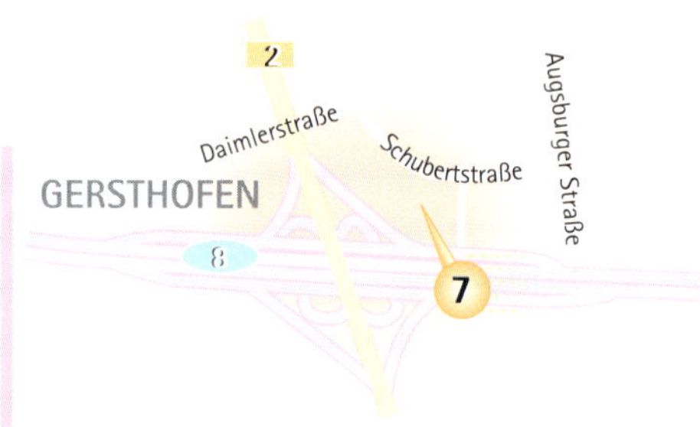

Straßenplätze

1. Rathausplatz, in der neuen Innenstadt, Philipp-Welser-Straße
2. Königsplatz, Treppen, Handrails und meterlange Kanten sind bestens geeignet zum Grinden und als Rampen
3. Elias-Holl-Platz, am Hunoldsgraben

Übungsplätze

4. AOL-Gebäude, an der Holbeinstraße
5. Curt-Frenzel-Eisstadion, Gesundbrunnenstraße
6. Rollodrom, Reesekaserne, Ecke Langemarckstraße

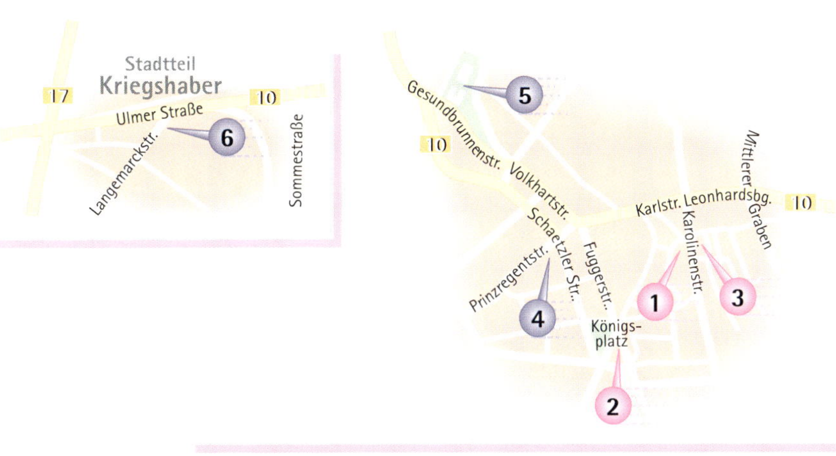

Rampen

7. Gersthofen (gegenüber dem Gymnasium hinter dem Sportplatz), zwei Funpipes mit Spin (Höhe 1,80 Meter) und 100 Meter Platz für Freestyle-Aktionen
8. Göggingen (hinter dem Festplatz unter der Brücke B 17) eine Funpipe und ein 10 Meter langer Handlauf zum Sliden

Touren

Die Weldenbahn, eine ca. 15 km lange, stillgelegte Bahnstrecke — jetzt asphaltiert

Bonn

Für unsere Politiker zu klein, aber für die Skater am Rhein das Größte: Bonn macht Platz für die Skater. Am beliebtesten sind die etwas außerhalb gelegenen Parkflächen der ehemaligen Bundesgartenschau. Hier trifft sich die Szene. Kilometerlange asphaltierte Wege laden zum Cruisen ein. Die Rampen-Fahrer haben ihr Eldorado an der Spine-Pipe, und der Hauptparkplatz beim Posthäuschen ist jedes Wochenende Treffpunkt. Wer lieber innerhalb der City fährt, treibt sich am Hauptbahnhof oder auf den Radwegen des Rheinufers rum. Die Parkplätze der Uni im Stadtteil Poppelsdorf sind die Treffpunkte für die Hockeyspieler.

Wo Minister zur Arbeit skaten ...können

Straßenplätze

1. U-Bahn Rheinaue, im Freizeitpark Rheinaue gibt es Treppen, Geländer und Curbs
2. U-Bahn Hauptbahnhof, die U-Bahn-Wege sind beliebte Treffpunkte
3. U-Bahn Uni/Markt, der Brunnen am Kaiserplatz ist der Top-Spot der Stadt
4. U-Bahn Heussalle, auf der Friedrich-Ebert-Allee

Übungsplätze

5. die Wege im Gelände der ehemaligen Bundesgartenschau (U-Bahn Rheinaue)
6. die gut ausgebauten Fahrradwege entlang der Rheinufer
7. die Parkplätze an der Uni im Stadtteil Poppelsdorf (hier wird auch Hockey gespielt)

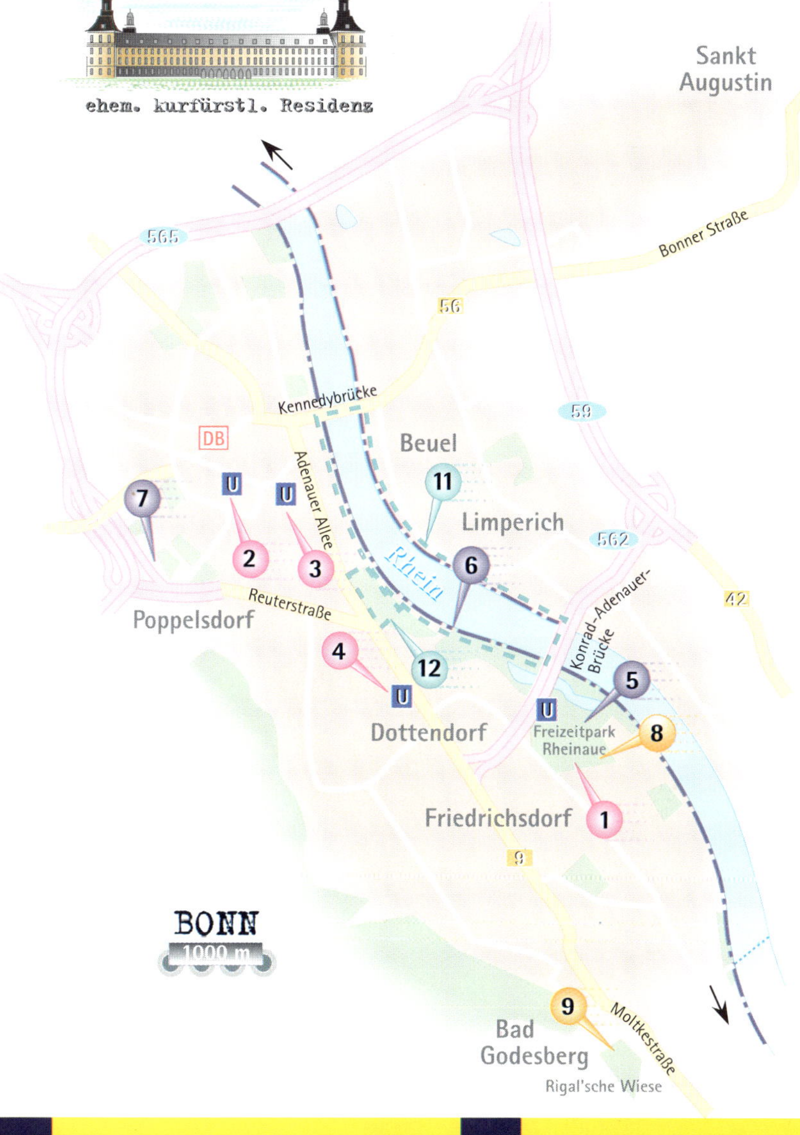

Rampen

8. U-Bahn Rheinaue, eine riesige Spine-Pipe
9. in Bad Godesberg steht eine Rampe bei der Rigalschen Wiese
10. außerhalb der Stadt, in St. Augustin, befindet sich auf dem Gelände des Rhein-Sieg-Gymnasiums eine Rampe

Touren

11. Brückentour; von der Kennedybrücke zur Rheinaue, weiter über die Konrad-Adenauer-Brücke nach Beuel und zurück zur Kennedybrücke
12. die Radwege am Rheinufer, auf der Promenade des Plenarsaals und der Villa Hammerschmidt

Dortmund

In Dortmund ist nicht nur der BVB angesagt, auch Inliner haben ihre Fangemeinde und Aktiven. Treffpunkt der Skater in der Stadt zwischen Kohlenhalden und Fördertürmen ist das Bahnhofsportal. Hier treffen sich den ganzen Tag Skate-Einsteiger und -Könner. Um lange Touren zu fahren, sollte man nach Bochum ausweichen. Die Rundtour um den Kemnader Stausee (15 Kilometer) ist ein echter Genuß auf glattem Asphalt direkt am Wasser.
Hockeyspieler toben sich meist auf dem Parkplatz von Möbel Mann aus oder im Ruhr Park in Bochum.
Infos über das Hockeygeschehen gibt es entweder von Gero Behrens
(Tel: 02 34/68 61 71) oder von Sport Voswinkel/ Thorsten Torlop
(Tel: 02 31/65 68 48).

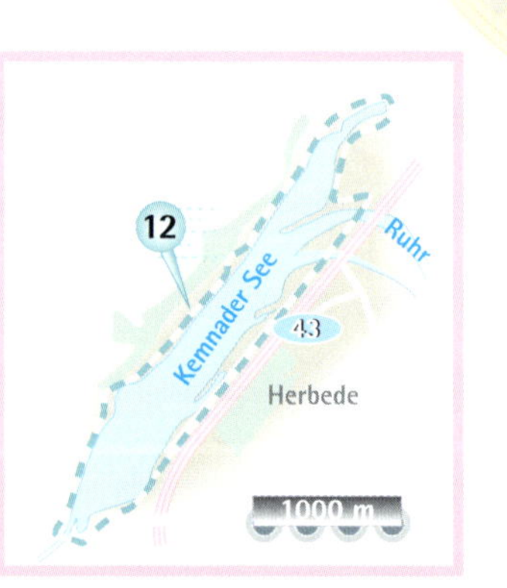

Straßenplätze

1. Ruhrwaldallee, Radrennbahn
2. am Hauptbahnhof, mit einer großen Treppe für Tricks und Grinds
3. die Fußgängerzone in der Innenstadt zwischen Ostenhellweg, Westenhellweg und Kleppingstraße
4. auf dem Parkplatz vor der Reinolikirche

Übungsplätze

5. vor der Dortmunder Westfalenhalle
6. auf dem Parkplatz von Wertkauf und Möbel Mann an der Wulfshofstraße
7. im Uni-Parkhaus am Hustadtring kann auch bei Regen geskatet werden
8. auf dem Parkplatz Sport Art, Südring 10

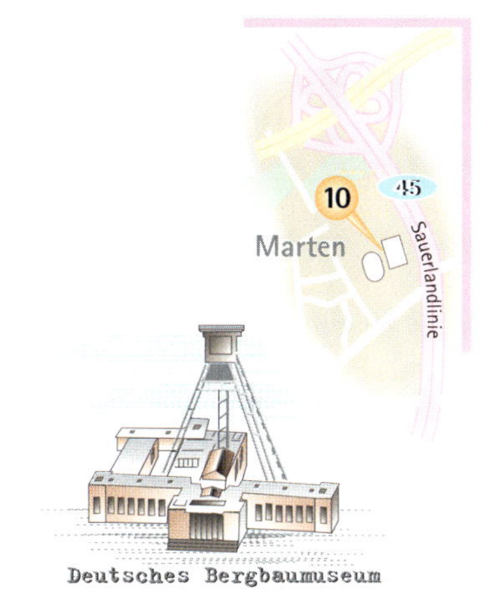

Am Bahnhof geht die Post ab

Rampen

9. Sportplatz Lücklemburg, am Waldhausweg
10. Marten Jugendzentrum, an der Sauerlandlinie
11. Rollschuhbahn Keuninghaus in der Leopoldstraße

Touren

12. Laufrunden um den Kemnader Stausee, fast 15 Kilometer lang

Düsseldorf

In der Altstadt ist die Hölle los. In dem Kneipenviertel treiben sich die Street-Skater rum, die für ihre Show ausreichend Handläufe, Curbs, Treppen und Mauervorsprünge finden. Ein zweiter beliebter Spot ist der Vorplatz des Carsch-Hauses. Alternative bei Regen sind die Parkhäuser beim Flugplatz.
Für ausgedehnte Touren sind die Strecken entlang des Rheinufers am schönsten.
Die Hockeyspieler treffen sich auf den Messeparkplätzen oder zwischen Bonner Straße und Henkelstraße.
Voll auf Inliner abgefahren ist Sport Zimmermann in der Hüttenstraße 15 (Tel: 0211/379027).

Skate-Show im KneipenViertel

Straßenplätze

1. Vorplatz des Carsch-Hauses, Heinrich-Heine-Allee, direkt in der Altstadt
2. der Eingang zum Landtag, am Rheinturm
3. Rheinpromenade zwischen Rheinwiesen und Altstadt
4. Ecke Körnerstraße/Werdenerstraße am U-Bahnhof Handelszentrum
5. zwischen Theodor-Heuss-Brücke, Rotterdamer Straße

Übungsplätze

6. Messeparkplätze beim Rheinstadion, wenn kein Messebetrieb ist
7. Parkplatz der Philipshalle beim S-Bahnhof Düsseldorf-Oberblik
8. Platz zwischen Bonner Straße und Henkelstraße (Street-Hockey-Platz)
9. unter der Kniebrücke am rechten Rheinufer
10. alte Flughafenparkhäuser am Rhein-Ruhr-Flughafen
11. vor der Stadtbücherei am Hauptbahnhof

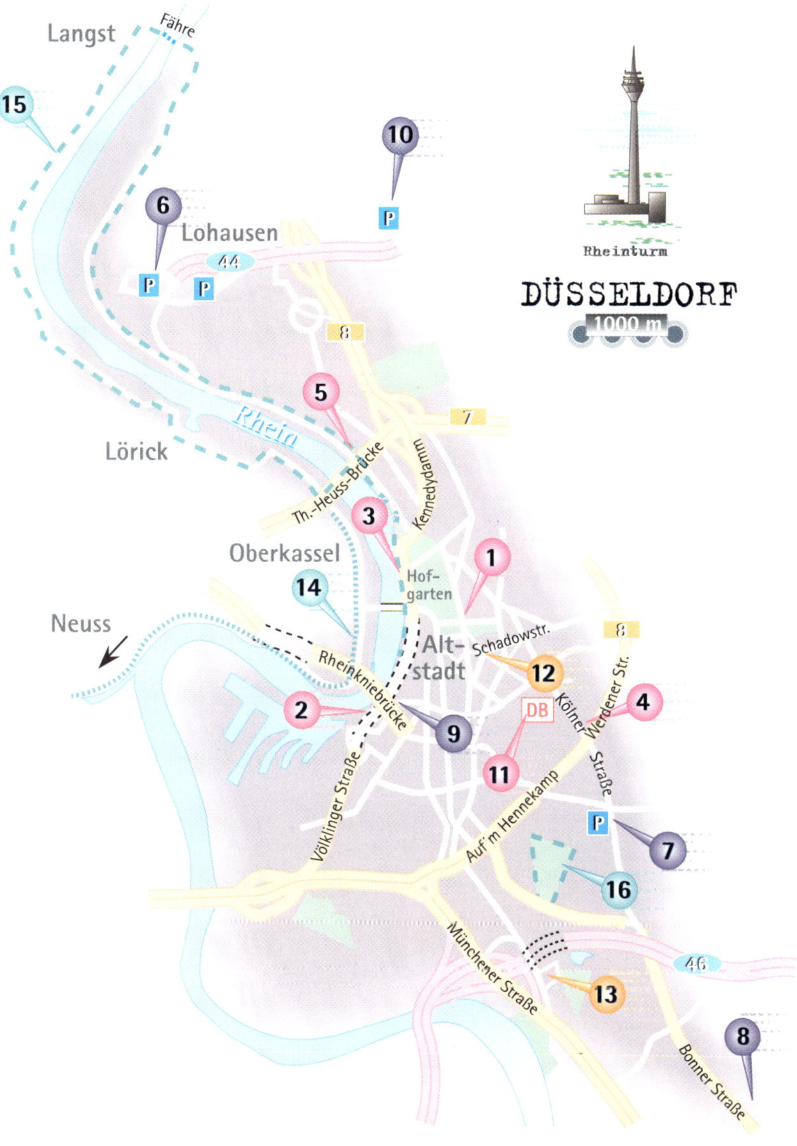

Rheinturm

DÜSSELDORF

1000 m

Langst
Fähre
Lohausen
Lörick
Rhein
Oberkassel
Neuss
Th.-Heuss-Brücke
Kennedydamm
Hofgarten
Altstadt
Schadowstr.
Rheinkniebrücke
Kölner Str.
Werdener Str.
Straße
Völklinger Straße
Auf'm Hennekamp
Münchener Straße
Bonner Straße

Rampen

12. Schadowstraße vor dem Schauspielhaus
13. beim Bücherhandel auf dem Uni-Gelände stehen verschiedene Rampen zur Verfügung

Touren

14. Strecke von Oberkassel bis Neuss entlang der Rheinwiesen
15. auf der Rheinpromenade über Golzheim nach Kaiserswerth, dort mit der Fähre übersetzen und auf der anderen Seite retour nach Oberkassel
16. Tour um Volksgarten und Stoffeler Friedhof

Frankfurt

Der In-Spot an der Mainmetropole ist die Hauptwache in der Innenstadt. Hier trifft man immer Einsteiger, die auf dem glatten Untergrund ihre ersten Fahrversuche unternehmen, und Könner, die neue Tricks üben. Treppen sind hier das Spielterrain der Street-Skater zwischen den Wolkenkratzern. Beliebt bei den Aggressive-Skatern sind auch das Unigelände und das Areal an der Eissporthalle. Zu Touren startet man meist an der Hauptwache, Rampen liegen etwas verteilt über die Stadt verstreut.

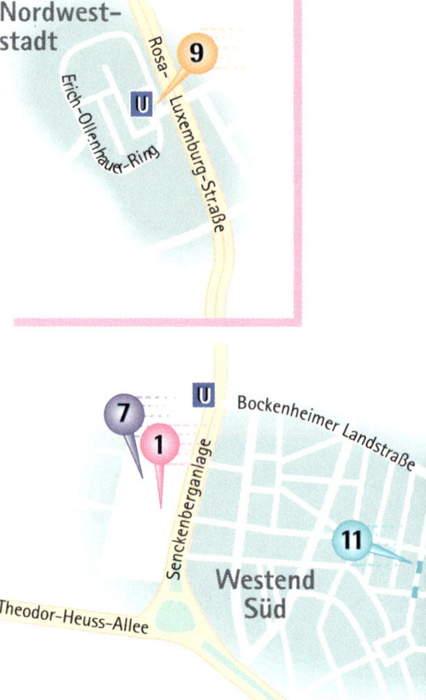

Bank-Spurt am Main

Straßenplätze

1. U-Bahn Eschenheimer Tor, rund um das Börsengelände
2. U-Bahn Bockenheimer Warte, die Parkplätze des Uni-Geländes sind für Anfänger und Profis geeignet.
3. U-Bahn Eissporthalle, für manche steht hier lediglich ein Handlauf, für andere ist es die längste Grindschiene der Stadt
4. U-Bahn Hauptwache, die Treppen und Geländer an der Hauptwache

Übungsplätze

5. U-Bahn Hauptwache, 350 m^2 große Steinplattenfläche
6. Platz an der alten Oper, nur 2 Minuten von der Hauptwache entfernt
7. U-Bahn Bockenheimer Warte, das gesamte Uni-Gelände bietet mehrere Plätze mit unterschiedlichem Untergrund

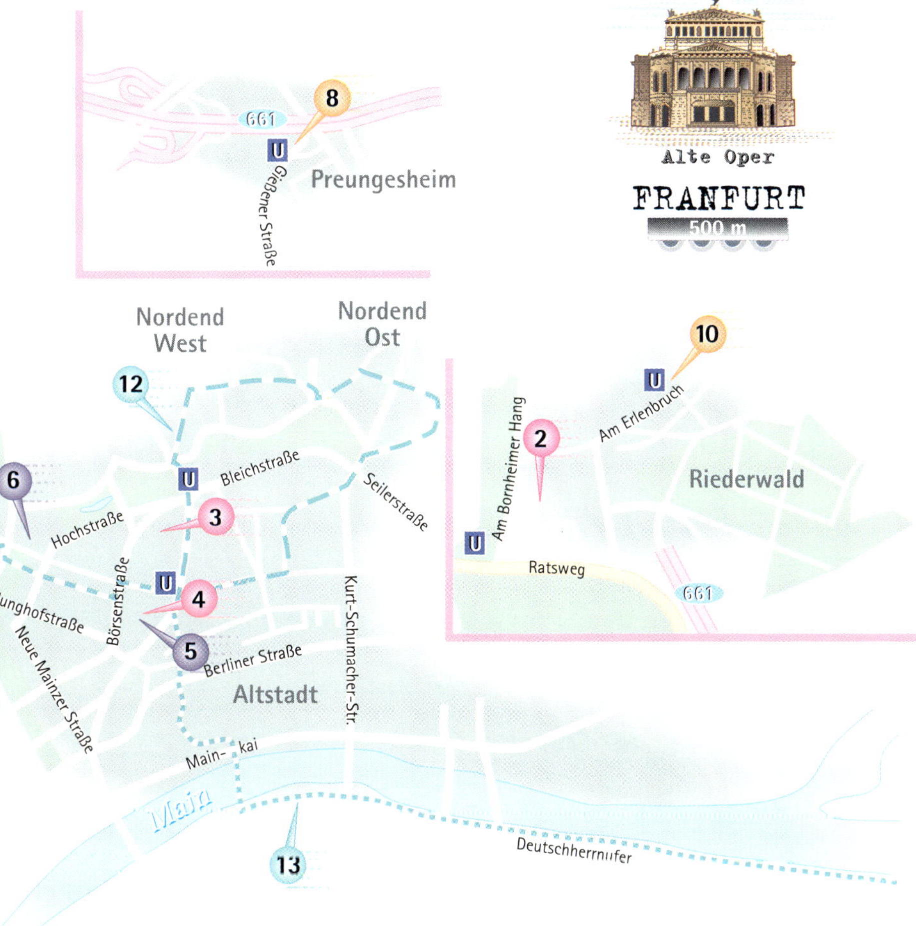

Rampen

8. U-Bahn Preungesheim, an der Ecke der U 5
9. U-Bahn Nordweststadt, im Nordwestzentrum
10. U-Bahn Johanna-Tesch-Platz, Abenteuerspielplatz Riederwald

Touren

11. von der Hauptwache über die alte Oper und Westend zurück
12. von der Hauptwache zum Eschenheimer Tor, zur Bergstraße und zurück
13. von der Hauptwache zum Main den Fluß entlang bis zur Main-Gerber-Mühle

Köln

In Köln ist man geradezu närrisch aufs Inline-Skaten. Bester Treffpunkt für Skate-Freaks jeglicher Couleur ist der Platz vor dem Wahrzeichen der Stadt, dem Kölner Dom: Einsteiger genießen den glatten Untergrund, Stunt-Skater treibt es über die Curbs, und selbst Hockeyspieler kommen aufgrund der Größe der Domplatte an Sommerabenden zum Einsatz. Ein Hit für Skater ist auch der Skate-Park North Bridge im Westen der Stadt:
Auf 2500 m² stehen Spine-Ramps, Jump-Ramps, Funboxes, Quarter- und Halfpipe zur Verfügung.
(Infos dazu Cosmo Sport
Tel: 0221/247171).

Wo die Jecken ganz närrisch skaten

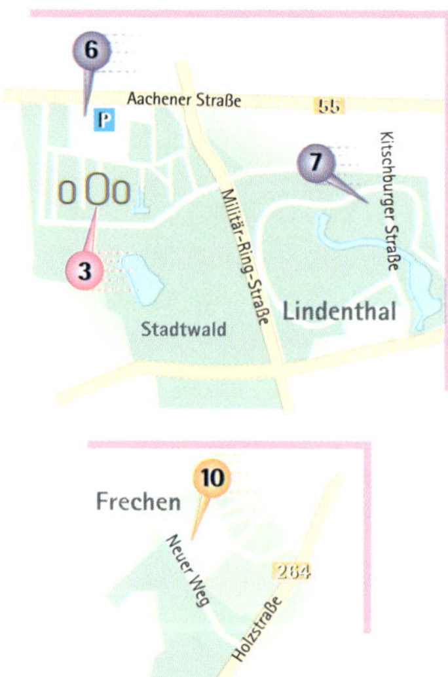

Straßenplätze

1. Rheinpark am Tanzbrunnen, S-Bahn Köln-Deutz
2. Domplatte, U-Bahn Dom/Hbf.
3. Müngersdorfer Stadion, Endstation Linie 1 (Grinds und Treppen)
4. Heinrich-Böll-Platz, U-Bahn Dom, Hbf. (Grinds und Rails)

Übungsplätze

5. Domplatte, U-Bahn Dom/Hbf.
6. Müngersdorfer Stadion, Endstation Linie 1
7. Kitschburger Straße (am Wochenende für Autos gesperrt), Linie 2, Dürener Straße
8. Promenade am Altstadtufer, U-Bahn Dom/Hbf.

Rampen

9. Skaterpark North Bridge, Rampen, Pipes, Funbox, Quarterpipe etc., U-Bahn Neusser Straße/Gürtel
10. Sportpark Herbertsgaul in Frechen an der Ruhrsporthalle, Endstation Linie 2

Touren

11. von der Domplatte über Hohe Straße zur Schildergasse (speziell an Sonntagen)
12. von der Altstadt am Rheinufer entlang bis nach Bonn
13. Weißer Rheinbogen, mit der Fähre nach Zünndorf, am Rhein entlang bis Tanzbrunnen, über Hohenzollernbrücke zurück nach Weiß

Würzburg

Die Stadt in Unterfranken gehört zwar nicht zu den Hochburgen des Skatesports, aber die Szene wächst beständig.
Im Stadtteil Heuchelhof treffen sich viele Skater; besonders in der Halfpipe und dem neuerstellten Streetteil haben die Stunt-Fahrer ihr Paradies.
Ab dem Frühjahr '97 kommen im Industriegebiet und in Höchberg weitere Skate-Parks dazu. Innerhalb der Stadt trifft man die Skater am Bahnhof, am Studentenhaus und auf den Parkplätzen der Universität.
(Infos: Fresh & Flips, Tel: 0931/14557)

Sich regen bringt Segen

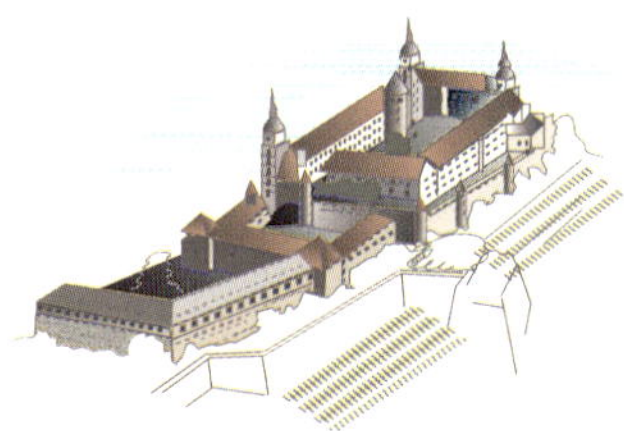
Festung Marienberg

Straßenplätze

1. Dallenbergbad, in der Nähe des Käppele
2. Studentenhaus am Friedrich-Ebert-Ring
3. das Nautiland Erlebnisbad beim Gelände der Bundesgartenschau
4. vor der Augustinerkirche in der Innenstadt

Übungsplätze

5. der Großparkplatz Talavera an der Friedensbrücke
6. der Parkplatz am Studentenhaus
7. die Plätze an der Musikhochschule beim Residenzplatz
8. Gelände der Bundesgartenschau
9. beim Busbahnhof am Hauptbahnhof

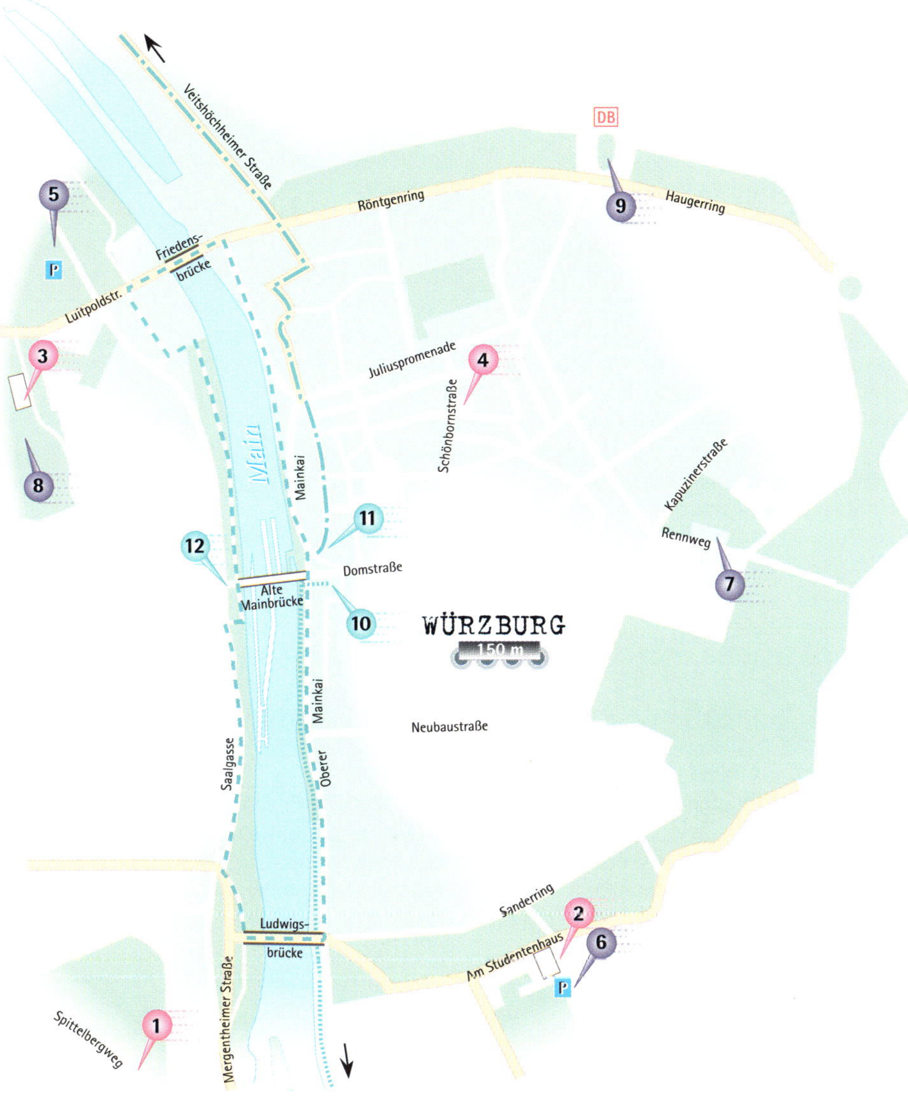

Rampen

10. im Stadtteil Heuchelhof
11. Skatepark im Industriegebiet
12. Giebelstadt
13. Hettstadt (ab „13." alle Orte ohne Eintrag in der Karte)

Touren

14. von der Mainbrücke den Fluß entlang nach Randersacker
15. von der Mainbrücke Richtung Norden nach Vietshöchheim
16. kleine Brückenrunde über Friedensbrücke und Ludwigbrücke

Inline-Skating-Lexikon

Die Skater haben ihre eigene Sprache. Viele Bezeichnungen sind von den Skateboardfahrern übernommen worden. Da der Ursprung des Skatens in den USA liegt, sind viele Begriffe aus dem Englischen fester Bestandteil des Szene-Jargons. Dieses Lexikon erleichtert das Verständnis, um sich in dem amerikanischen Fachchinesisch zurechtzufinden.

ABEC: (Annular Bearing Engineers Commitee) Qualitätsnorm für Kugellager (Bewertung von 1 bis 9)
ABT: Active-Brake-Technology ist ein von „Rollerblade" entwickeltes Bremssystem
Aggressive: Skating über Handläufe, Treppen und Steinkanten sowie Sprünge über Hindernisse
Air: Sprünge in der Halfpipe, Rampe oder auf der Straße
Ankle-Strap: Gurtband mit Klettverschluß, das das Sprunggelenk fixiert
Anti-Rockering: Die beiden mittleren Rollen sind höher angebracht oder kleiner als die vorderste und die hinterste

Backflip: Rückwärtssalto
Bail: kontrollierter Sturz
Balls: Kugeln im Kugellager
Bearing: Kugellager
Black Ice: frischer, glatter Asphalt
Bodycheck: harter Körpereinsatz beim Hockey
Boneless: massive Schutzausrüstung für Aggressive-Skater
Border-Patrol: Schaumstoffbande zur Spielfeldbegrenzung beim Hockey
Bowl: Schüssel in einem Funpark für Sprünge und Tricks
Breakaway: Ausreißversuch beim Speed-Skaten
Buckle: Schnalle beim Skate-Schuh
Bully: Anstoß beim Hockey

Coating: äußerster Mantel einer Rolle
Contest: Wettkampf
Coping: oberer Rand der Halfpipe
Core: Rollenkern
Cross: mit überkreuzten Beinen rollen
Curb: Steinkante, auf der man, die Skates quer zur Fahrtrichtung gestellt, rutschen kann

DEB: Deutscher Eishockey Bund
Defensive Zone: Verteidigungsdrittel beim Hockey
DIHL: Deutsche Inline-Hockey Liga
D.I.V.: Deutscher Inline-Skating Verband
DRB: Deutscher Rollsportbund
Drop-in: von der Kante in die Halfpipe reinfahren
Duck-Walk: Freestyle-Figur; vorderer Fuß

auf der hinteren Rolle, hinterer Fuß auf der vordersten Rolle
Durometer: Einheit „A“ für den Härtegrad des Rollenmaterials

Elbow-Pad: Ellenbogenschützer
Elimination-Run: Ausscheidungslauf beim Aggressive-Skate-Wettkampf
Event: Veranstaltung

Fakie: rückwärts fahren nach einem Sprung oder einer Figur
Fat: schwieriger Sprung oder komplizierte Figur in der Luft
Fiveforty: eineinhalbfache Drehung (540°)
Flat: die untere, gerade Ebene in der Halfpipe
Flat Rockering: die Rollen sind alle auf der gleichen Höhe
Flat Top: Rollen mit einem flachen Profil, für Halfpipe-Fahrer
Flip: Salto
Frame: Schiene zur Aufnahme der Rollen
Freestyle: freies Fahren mit Sprüngen, zum Teil Synonym für Agressive
Front Roll: Trick, bei dem man nur auf den beiden vordersten Rollen skatet
Full Radius: flaches Rollenprofil für Hockey
Funbox: vier Viertelrampen, die um eine erhöhte Plattform angeordnet sind

Goalie: Torhüter beim Hockey
Grab: Berühren der Skates bei einer Figur
Grinden: Rutschen auf der Schiene oder auf der Kante der Skate-Sohle
Grind-Plates: Platten aus Metall oder Plastik zum Schutz der Schiene beim Grinden
Grip: Bodenhaftung der Rollen

Halfpipe: halbe Röhre aus Holz oder Metall zum Tricksen und Springen
Heel-Stop: Hackenstopp, Abbremsen mit den Bremsgummis
High-Jump: Hochsprung-Disziplin beim Street-Skaten, mit Rampe und Anlauf

IISA: International Inline-Skating Association
IIHF: International Ice-Hockey Federation
ISHF: International Skaterhockey Federation
Indoor: Skaten in Hallen
Invert: Handstand
Invert to fakie: Handstand, bei dem man rückwärts wieder aufsetzt

Jam Session: Wettkampfform beim Aggressive-Skaten, bei der jeder Teilnehmer so lange sein Können zeigen kann, bis er hinfällt
Judge: Punktrichter beim Aggressive-Skaten

Kneeing: Abbremsen auf den Knieschonern
Knee-Pads: Knieschoner

Late Spin: verzögerte Drehung beim Sprung
Liner: Innenschuh
Lip-Trick: Manöver an der Coping der Halfpipe

Mc Twist: Salto mit Schraube
Mini-Ramp: kleine Rampe zum Springen

Negativ Rockering: die mittleren Rollen sind höher gelegt (vgl. Anti-Rockering)
NIHA: National Inline Hockey Association

Pad: Schoner oder Schützer
Polyurethan (PU): Kunststoff, aus dem viele Skates hergestellt sind
Pool: Skating-Anlage, wie ein leeres Schwimmbecken mit abgrundeten Ecken
Positiv Rockering: die äußeren Rollen sind höher gelegt
Power-Slide: rasantes Bremsmanöver
Power-Strap: Riemen, um den oberen Schaftrand oder den Spann gut zu fixieren
Protective-Gear: Schutzausrüstung
Puck: Hartgummischeibe, Spielgerät beim Hockey

Quades: Rollschuhe mit 2 x 2-Rollenanordnung
Quarter-Pipe: Viertelröhre oder -rampe zum Springen

Rail: Treppengeländer oder Stange, auf denen man grinden kann
Ramp: kleine Schanze für Sprünge
Rebound: Maßstab für die Elastizität der Gummimischung der Rolle
Recreation: Freizeit- oder „Erholungs"-fahrer
RHI: Rollerhockey International (USA-Hockey-Liga)
Rockering: Höhenverstellbarkeit der Rollen
Rocket-Air: Sprung in der Halfpipe, bei dem beide Füße nach vorn gestreckt werden

Shape: Form
Shifty: der Oberkörper wird beim Sprung oder Grind verdreht
Skates: Stiefel beim Inline-Skaten
Slam: schwerer Sturz
Sliding: seitliches Rutschen
Soul-Grind: seitlich auf einem Geländer oder einer Steinkante rutschen, vorderer Fuß gleitet quer auf der Schiene, hinterer längs auf der Sohlenaußenkante
Spacer: Distanzhalter (Buchse) für die Kugellager
Speed-Race: Geschwindigkeitswettbewerb
Spine-Ramp: zwei Rampen/Quarter-Pipes, die Rücken an Rücken stehen
Spins: Drehungen um die Körperlängsachse
Stair-Riding: Treppen runterskaten
Street: Bezeichnung für Skate-Form, bei der natürliche Straßenhindernisse wie Kanten, Bänke oder Geländer mit einbezogen werden
Streethockey: Inline-Hockey auf Parkplätzen oder freien Asphaltflächen
Stunt: andere Bezeichnung für Aggressive-Skaten, in erster Linie Springen, Tricksen, Grinden

Top-Side-Air: Sprung in der Pipe mit Blick nach oben
Track: Rollschuhbahn
Traction: Haftung der Rollen
Transition: Rundung in der Halfpipe zwischen Boden und der vertikalen Wand
T-Stop: Bremstechnik, bei der der hintere Fuß quer zur Fahrtrichtung aufgesetzt wird
Tweaked: der Oberkörper wird bei einem Sprung total verdreht

Vert: senkrechte Wand in der Halfpipe oder Bezeichnung für reine Halfpipe-Fahrer

Wall-Riding: Sprung gegen die Wand und mit einem Fuß an der Wand weiterfahren/rutschen
Wheel: Rolle
Wrist-Guard: Handgelenkschützer

Indoor-Anlagen

Der Winterschlaf für Skater ist abgeschafft. Innerhalb der letzten zwei Jahre sind in Deutschland über 35 Skatehallen entstanden, Tendenz steigend. Die meisten Indoor-Anlagen sind für die Halfpipe- und Aggressive-Spezialisten ausgestattet, einige verfügen aber auch über eine Hockeyfläche oder eine Freifläche. Die Adressen geben den Stand vom 28.2.97 wieder (unverbindlich).

Deutschland

Adresse	Größe	Half / Ramp / Obstacles	Hockeyfeld	Freifläche	Verleih/Extra
Sportcenter Adelberg, 07166/404 Klosterpark 3-5, 73099 **Adelberg**	-	x / - / -	-	-	- / kleine Halle
Skate & Roller, 06047/68597 Am Festplatz 4, 63674 **Altenstadt-Lindenheim**	ca. 1000 m²	x / x / x	x	x	x / Kurse, Partys
Roll-o-Drom, 0821/442122 Langermarckstr. 1a, 86156 **Augsburg**	700 m²	x / x / x	x	-	x / -
Green Edge, 0951/45656 Kronacher Str. 61, 96052 **Bamberg**	1500 m²	x / x / x	-	-	x / -
im Aa See Hall, 02872/2285 Freizeitgelände, 46395 **Bocholt**	1500 m²	- / x / x	x	x	- / Kurse
Monza-Indoor-Cartbahn Bessemer Str. 80, 44793 **Bochum**	-	-	-	-	- / -
Skate Park 2000, 0228/662044 Am Krähenhorst 1, 53119 **Bonn**	2000 m²	x / x / x	x	-	x / -
Kikyo Center, 02157/87870 Stiegstr. / Christenfeld, 41379 **Brüggen**	2300 m²	x / x / x	-	-	x / -
Island Skate Hall, 04371/5672 bei Disco „Resi", 23769 **Burg a. Fehmarn**	700 m²	x / x / -	x	-	x / -
Sportpark Südstrand, 04371/9100 Burg Tiefe, 23769 **Burg a. Fehmarn**	-	-	-	-	-
Tempodrom, 05231/33663 Ernst-Hilker-Str. 2, 32758 **Detmold**	1000 m²	x / x / x	x	-	- / Speedstrecke
US Play, 0351/8511666 Lommatzscher Str. 98, 01139 **Dresden**	300 m²	- / - / -	x	x	-
Skate Academy, 0211/4493110 Ratherstr. 49, 40476 **Düsseldorf**	4500 m²	-	-	-	- / Kurse

Adresse	Größe	Half / Ramp / Obstacles	Hockeyfeld	Freifläche	Verleih/Extra
Inline Dome, 0711/58 30 77 Friedrich-List-Str. 2/1, 70736 **Fellbach**	2000 m^2	x / x / x	x	-	x / -
Citypark Freiburg, 0761/5 20 96 Neulindenstr. 1,79106 **Freiburg**	1 000 m^2 und 4400 m^2	x / x / x	x	x	x / Kurse
i-Punkt Skateland, 0 40/23 44 58 Amsinckstr. 70, 20097 **Hamburg**	750 m^2	x / x / x	-	-	x / -
Engelbert-Skate-Hall, 02 34/9 16 06 20 Engelbertstr., 45525 **Hattingen**	2000 m^2	x / x / x	x	-	x / -
Skate-Park, 0 63 24/36 66 Siemenstr. 18, 67454 **Haßloch**	-	-	-	-	-
Pan Sport, 09 31/4 89 50 Max-Planck-Str. 6, 97204 **Höchberg**	-	x / - / -	-	-	-
Ass-Hall, 0 92 81/33 51 Schleizer Str. 109, 95028 **Hof/Saale**	600 m^2	- / x / x	-	-	x / -
Ringalau, 0 82 31/9 09 50 Messerschmittring 17, 86343 **Königsbrunn**	1500 m^2	x / x / x	x	-	- / Disco
Airport-Skate-Park, 07 81 21/5 16 99 Flugplatz Lahr, 77933 **Lahr**	570 m^2	x / x / x	-	-	x /-
Fun Box, 0 87 11/7 77 07 Schinderstr. 28, 84030 **Landshut**	1200 m^2	x / x / x	x	-	x / Kurse, Disco
Radi Cal Le, 04 31/49 80 32 Spinnereistr., 04179 **Leipzig**	-	-	-	-	-
Colosseum Vertical, 0 64 31/27191 Elzer Str. 2-4, 65556 **Limburg**	2 000 m^2	x / x / x	-	-	x / -
Skate-Halle Syndrom, 0 76 21/59 15 55 Im Grüttpark Beim Hagensteg 5, 79541 **Lörrach**	2 600 m^2	x / x / -	x	x	x / Kurse, Disco
Line Inn, 04 51/70 27 6 25 Kronsforder Allee 130, 23560 **Lübeck**	1900 m^2	x / x / x	x	x	x / Kurse Shops und Café
Skate-Club Sauerland, 0 23 51/38 09 25 Jahnstr. 14, 58511 **Lüdenscheid**	600 m^2	x / x / x	-	-	-
Kunstpark Ost, 0 89/49 00 13 13 Grafinger Str. 6, 81671 **München**	1200 m^2	x / x / -	x	-	- / Kurse, Partys

Deutschland

Adresse	Größe	Half / Ramp / Obstacles	Hockeyfeld	Freifläche	Verleih/Extra
Olympiapark München, 089/30672150 Spiridon-Louis-Ring, 80809 **München**	Eislauffläche	x / x / -	-	-	-
Rollpalast Stockacher Str. 5, 81243 **München-Pasing**	-	-	-	-	-
Fun Park, 0941/26262 Deckbettenerstr. 63, 93049 **Regensburg**	1200 m²	x / x / x	-	-	x / -
Indy-Skate, 0741/7002 Neckartal 202, 78628 **Rottweil**	-	-	-	-	-
Fun Center, 07307/939333 Berliner Str. 8, 89250 **Senden**	750 m²	x / x / -	-	-	x / -
Motodrom, 08321/65111 Mittagstr.14, 87527 **Sonthofen-Rieden**	420 m langer Rundkurs	- / - / -	-	-	x / - eigentlich eine Kartbahn
Beach-Rock Inline-Skating, 0711/764205 Königsträßle 37, 70597 **Stuttgart**	-	-	-	-	-
Fun Center, 07307/93933 St.-Barbara-Str. 4, 89077 **Ulm**	-	-	-	-	-
Skate World, 0172/8505803 Wiesenstr. 6, 69190 **Walldorf**	1000 m²	x / x / x	-	-	x / -
Skate Factory, 07522/912606 Spinnereistr. 1, 88239 **Wangen**	1700 m²	- / x / x	x	-	x / Kurse, Disco
Kattwinkel Fabrik, 02196/72400 Kattwinkelstr. 3, 42929 **Wermelskirchen**	450 m²	- / - / x	-	-	-
Kulturz. Schlachthof, 0611/731212 Gartenfeldstr. 57, 65189 **Wiesbaden**	-	- / x / -	-	-	-
Walhalla, 05331/77730 Salzdahlmerstr. 75, 38302 **Wolfenbüttel**	2000 m²	- / x / x	-	-	- / Disco
Pipeline, 0202/262880 Auf der Bleiche 9, 42289 **Wuppertal**	2400 m²	x / x / x	x	-	x / -
Skate World, 0172/5105053 An der Feldmark 11, 31515 **Wunstorf**	1075 m²	x / - / x	-	-	- / -
Skatepark Heuchelhof, 97084 **Würzburg**	-	-	-	-	-

Adresse	Größe	Half	Ramp	Obstacles	Hockeyfeld	Freifläche	Verleih/Extra
Skatelab, 00 43/1/2 14 95 65 Walcherstr. A-1020 **Wien**	4 000 m²	x	-	x	-	230 m Rundkurs	x / -
Halle 25, 00 43/1/7 27 20 Messegelände Wien A-1021 **Wien**	16 000 m²	x	-	x	x	-	- / -
Rolling Rock, 00 41/62/823 30 23 Industriestr. 44 CH-5001 **Aarau**	1200 m²	x	x	x	x	x	x / Kletterwände Kletterkurse etc.
Hypnotik Skatehall, 00 41/41/7 63 08 63 Zugstr. 64 b CH-6340 **Baar**	750 m²	x	x	x	-	-	- / -
HLM 64, 00 41/32/23 62 20 Neumarkstr. 33 CH-2503 **Biel**	800 m²	x	x	x	-	-	-
Skating Bahn Soli, 00 41/1/8 62 08 11 An der Solistr. 88 CH-8180 **Bülach**	1400 m²	x	x	x	-	x	x / Kurse, Sprintbahn, Café, Außenfläche
Skate Park HS 36, 00 41/21/6 26 37 93 Av. de Sevelin 36 CH-1004 **Lausanne**	1200 m²	-	x	x	-	-	x / -
Rollpalast Luzern, 00 41/41/3 68 09 68 Eisfeldstr. 2a CH-6005 **Luzern**	1000 m²	x	x	x	-	x	x / Kurse
Treff Schlösslipark, 00 41/71/4 11 66 68 CH-8587 **Oberaach**	300 m²	x	x	-	-	-	x / -
Rollerdom, 00 41/71/8 41 64 16 Industriestr. 36 c CH-9400 **Rohrschach**	1600 m²	x	-	x	-	-	- / -
Rollorama Thun, 00 41/33/2 22 02 42 Scheibenstr. 21 CH-3600 **Thun**	2300 m²	x	x	x	-	-	x / -

Speed-Skating-Bahnen

Soweit nicht anders angegeben, handelt es sich um Asphaltbeläge. Der Kurveninnenradius bei den 200-m-Strecken beträgt 15 Meter, wenn keine andere Angabe; die Breite 6 Meter.

Ort/Ansprechpartner/Verein	Pistenlänge	Bemerkungen
Allstädt/Harz (Kreis Sangerhausen)	125 m	Asphaltbahn, enger Kurvenradius, Breite 4,5 m
Anklam Michael Hafenmeister, Nr.19 b, 17393 Rezlow	200 m	ab Juni 1997
Berlin-Marzahn, Berliner TSG, Allee der Kosmonauten 169, 12679 Berlin Tel: 030/5406595	375 m	Eisschnellaufbahn, Beton
Bayreuth, Elke Hertrich, Sieglindstr.70 95445 Bayreuth, Tel: 0921/24357	200 m	Kurvenüberhöhung 7%
Bechhofen, Martin Schicker, Friedhofstr. 20 66894 Bechhofen, Tel: 06372/5397	166 m	Kurvenüberhöhung 7%
Darmstadt, Ilse Häuser, Landskronstr. 57 64285 Darmstadt, Tel: 06151/65707	162 m	Hallenbahn, nur 4,5 m breit, extrem parabolisch überhöhte Kurven, Parkettbelag
Dessau, TSG Aufbau Union, Renate Kaufels Elballee 78, 06846 Dessau, Tel: 0340/610439	200 m	ab Juni 1997
Dresden, Eissportclub, Silke Stein Fürstenwalder Str. 9, 01277 Dresden Tel: 0172/3500967	250 m	keine Kurvenüberhöhung
Eckernförde, Rollsportverein, Olaf Pahlke Möhlenkamp 31, 24340 Eckernförde Tel: 04351/43762	200 m	Kurvenüberhöhung 7%
Großenhain, Rollsportverein, Jutta Hanatschek Dr.-Jacobs-Str. 6, 01558 Großenhain Tel: 03522/63782	150 m	starke Kurvenüberhöhung
Groß-Gerau, Blau Gelb Gerau, Benno Zschätzsch Adolf-Göbel-Str. 13c, 64521 Gr.-Gerau Tel: 06152/910500	200 m	Kurvenüberhöhung 7%, zusätzlich 304 m Straßenkurs
Heppenheim, REC Heppenheim, M. Guthier-Schmitt Karlstr. 3, 64646 Heppenheim, Tel: 06252/4397	200 m	sehr enger Kurvenradius, Breite 5 m
Homburg/Saar, Werner Jung, Auf dem Höfchen 39 66459 Kirkel, Tel: 06841/80766	200 m	Kurvenüberhöhung 7%
Inzell, Leistungszentrum Eissport Reichenhaller Str. 79, 83330 Inzell, Tel. 08665/852	375 m	Eisschnellaufbahn, Beton,
Nürnberg, 1. FC Nürnberg, Barbara Fischer Kreutzerstr. 67, 90439 Nürnberg, Tel: 0911/618109	200 m	Kurvenüberhöhung 7%
Schweinfurt, ERV Schweinfurt, Christine Dietmar Rathausplatz 6, 97502 Euerbach, Tel: 09726/8287	200 m	Kurvenüberhöhung 7%

Ort/Ansprechpartner/Verein	Pistenlänge	Bermerkungen
Seeheim, ASC Seeheim-Jugenheim, Bernd Schicker Ernsthoferstr. 15 c, 64342 Seeheim-Jugenheim Tel: 06257/866 88	200 m	Kurvenüberhöhung 7%
Gera, Blau-Weiß Gera, Küchengartenallee 29 07548 Gera, Tel: 0365/8 32 14 09	250 m	Kurvenüberhöhung 7%
Gettdorf, TV Gettdorf, Rolf Schössler, Herrenstr. 18 24214 Gettdorf, Tel: 0 43 46/1674	200 m	Kurvenüberhöhung 7%, Neubau einer 250-m-Piste geplant

Inline-Skating-Schulen

Ort	Name	Straße	Anschrift	Telefon
Augsburg	Sport Förg	Schertlinstr.12a	86159 Augsburg	08 21/58 10 73
Berlin	Mike's & Billy's	Motzstr. 8	10777 Berlin	030/2 15 70 70
	Let us Move	Matterhornstr. 47	14129 Berlin	030/8 017423
Bochum	Agentur Sport Art	Südring 16	44787Bochum	0234/68 6172
Dortmund	Voswinkel	Brauchschachtstr. 2	44149 Dortmund	0231/65 68 48
Dresden	Wild East	Bodenbacherstr.16	01277 Dresden	0351/2 59 18 05
Düsseldorf	Skate On	Luisenstr. 5	40215 Düsseldorf	0211/9385 03
Essen	Skate On	Erste Weberstr.11-13	45127 Essen	0201/239910
Frankfurt	Jule Sigge	Landstr. 135	60325 Frankfurt	069/77 64 85
Gießen	Bechtold & Rinn	Bleichstr. 25	35390 Gießen	0641/77452
Hamburg	H.I.S.	Mollerstr. 2	20148 Hamburg	040/41 23/36 05
	Kaifu Lodge	Bundesstr. 107	20144 Hamburg	040/41 12 81
Hannover	ATB Sport	Marienstr. 3	30171 Hannover	0511/30 90 00
Herne	Surf&Skate Shop	Bahnhofstr.196	44629 Herne	023 23/2 26 47
Hockenheim	Fitnessstudio Move	Karlsruher Str. 21	68766 Hockenheim	062 05/17377
Kiel	Sport Spatz	Hasseldieksdamer Weg 3	24114 Kiel	0431/131 06
Köln	Skate on	Christopherstr. 30	50670 Köln	0221/1391474/5
	Cosmos	Mozartstr. 66	50674 Köln	0221/247171
Königsbrunn	Ringalau	Messerschmittring 17	86343 Königsbrunn	0 8231/909 50
Lenggries	Adventure Sport	Gilgenhöfe 9	83661 Lenggries	08042/94 86
Lindau	Skate & Fun	Flemingerstr. 7	88131 Lindau	08382/796 54
München	MK II	Haselweg 14	82024 München	089/6122526
	MISS	Türkenstr. 80	80799 München	089/2 80 06 41
Neuss	Skate Academy	Martinistr. 16	41472 Neuss	02131/46 0678
Pforzheim	Carpe Diem	Goethestr. 19	75172 Pforzheim	07231/35 92 61
Rhede	Busshoff-Im Zeichen des Drachen	Oststr./Ecke Bahnhof	46494 Rhede	02872/22 85
Wangen	Sport Mayerhofer	Zeppelinstr. 26	88239 Wangen	07 21/97 10 22

Danksagung

Ohne die tatkräftige Unterstützung vieler Freunde und Kollegen wäre die Produktion von „Inline-Skating — Das Handbuch" nicht möglich gewesen.

Wir bedanken uns ganz herzlich bei:
Jürgen Tap für die perfekten Fotos, den großen Einsatz und die unendliche Geduld bei den Fahrtechnik-Aufnahmen,
Annick Desmyttère, Meeke Voges, Andrea Hoeppner und Klaas im Sande für den Elan beim Demonstrieren der Fahrtechnik, bei den Übungen und für den Einsatz auf den Skatetouren,
Barbara Renner von der Agentur Roth/Lohre/Lorenz für die tatkräftige Unterstützung zur Produktion der Fahrtechnik-Aufnahmen,
Edi Kaiser von der Firma Rollerblade für die Ausstattung der Fahrer mit Skates und Protektoren,
Alexandra Sheldon von der Firma Windsurfing Chiemsee für die Ausstattung der Fahrer mit der richtigen Kleidung,
Dr. Henry Schulz von der Ruhr Universität Bochum für die fachliche Beratung in medizinischen Fragen.

Impressum

Die Deutsche Bibliothek — CIP-Einheitsaufnahme

Inline-Skating : das Handbuch / Volker Nagel/Tobias Hatje.
Mit Fotos von Jürgen Tap. - Berlin : Sportverl., 1997
ISBN 3-328-00719-9

Umschlaggestaltung:
Volkmar Schwengle/Buch und Werbung
Layout und Satz: CreAtiv Werbeagentur GmbH, Berlin
Titelfoto: Jürgen Tap
Alle Fotos von Jürgen Tap/Hoch 2, Hamburg, außer auf den Seiten 75, 76 u. 81 (jeweils Wintersportmotive)
B. Grodtmann, Seite 95 Tony Stone
Graphiken: Boris Jahn
Stadtplangrafiken: Axel Kock / Fit for fun
Repro: City Repro, Berlin
Druck und Bindung: Mohndruck
Graphische Betriebe GmbH, Gütersloh

Printed in Germany 1997
ISBN 3-328-00719-9

Gedruckt auf alterungsbeständigem Papier mit chlorfrei gebleichtem Zellstoff